JN040587

図解

バビロンの大富豪

7人の賢者が教える「お金と幸せ」30の言葉

中野 明

Akira Nakano

Gakken

今から数千年以上も前、
世界四大文明の一つに数えられる
中東のメソポタミアに
「バビロン」と呼ばれる都市が
存在した。
当時、世界最大の貿易都市だった
バビロンでは、
商取引など経済活動の内容を
粘土板に記録するほどに
金銭を取り扱う技術が発達し、
繁栄を誇っていた。

そして、そこに暮らす人々の
卓越した「利殖」と「倹約」の技術は、
富を蓄え、幸せになるために
何をすればよいかという
普遍的な価値を持った
「蓄財の基本原則」として
後世に伝えられていく。

バビロンで生まれた
「蓄財の基本原則」はその後、
数千年の時を経て、
20世紀初頭のアメリカで
広く世に広まることになる。
それはニューヨークの実業家
ジョージ・S・クレイソンが書いた
著作『バビロンの大富豪』
によってであった。
この本は、古代都市バビロンを舞台に、
主として7人の富豪や豪商が

「蓄財の基本原則」を基礎に、
富と幸福を手にするための
知恵を語った本である。
そして、同書に記された
お金の知恵を実践した者たちの中から、
あまたの成功者が生まれた。
刊行から100年近く経った現在まで
同書が時を超えて
熱心に読み継がれている理由は、
その主張に「お金と幸せ」の真実が
織り込まれているからであろう。

5つの金貨の法則

ではその「お金と幸せ」の真実とは、いったい何なのか？
『バビロンの大富豪』で語られている
「5つの金貨の法則」が、その手掛かりとなるだろう。
いずれの法則も、我々の人生に影響を与える普遍的な知恵ばかりである。

法則
1

収入の10分の1を蓄えよ

金貨は、未来の自分と家族の財産を築くため、
少なくとも収入の10分の1を蓄える者なら誰にでも、
その量を増やしながら喜んでやって来る

法則
2

金貨に働き所を与えよ

金貨は、適切な働き所を与えれば、
賢明な主人のために熱心かつ忠実に働き、
家畜の群れのように子孫を次々と増やしていく

法則
3
賢者の助言に従え
金貨は、扱いに長けた賢者の助言に従って投資する
慎重な主人のもとを離れない

法則
4
疑わしい事業には手を出すな
金貨は、自分がよく知らない事業や、
賢者が認めない事業に投資する者から逃げていく

法則
5
金儲けの誘惑に負けるな
金貨は、法外な利益を追求する者、
詐欺師や策士の甘言に乗せられる者、
現実離れした願望に投資する者から逃げていく

主な登場人物

Episode 3 アルカドの息子ノマジール

Episode 4 金貸しメイソン

Episode 7 元奴隷シャル・ナダ

Episode 老兵バンザール

そんなとき、この『バビロンの大富豪』に登場する7人の賢者と
1人の考古学者が示す「富と幸福を手にする知恵」は、
我々の不安を少なからず解消してくれることであろう。
さて、その知恵とは一体いかなるものであるか……。
ぜひとも本書で確かめてみてほしい。

バビロンの大富豪

Episode
1 大富豪アルガミッシュ

Episode
2 賢者アルカド

Episode
5 ラクダ商人ダバジール

Episode
6 考古学者シュルーズベリ

「私たちの暮らしはこれからどのようになるのか」
「明るい未来は本当にやって来るのだろうか」
現代の社会で、これからの不透明な未来を考えたとき、
多くの人が将来に対する漠然とした不安を
抱くのではないだろうか。

新バビロニア王国略図

エジプト王国
キプロス
地中海
紅海
紀元前600年代前半
新バビロニア時代
ユーフラテス川
新バビロニア王国
現イラク
チグリス川
バビロン
現バグダッド
N
エラム
メディア王国
ペルシア湾
物語の舞台となるバビロンは、
現イラクの首都バグダッドの南方
約80kmの場所にあった。

バビロニア王国関連年表

年（紀元前）	略史
2350頃	サルゴン１世、メソポタミアを統一（アッカド王国）。
1830	古バビロニア王国が成立。
1792	ハンムラビが国王になる。 バビロニアを統一。法典を整備する。
1750	ハンムラビ王死去。その後、５代の王が続く （バビロン第１王朝）。
1235頃	アッシリアがバビロニアを征服。
625	新バビロニア王国が独立。ナボポラッサルが王位に就く この頃、メディア王国成立。
612	新バビロニア・メディア連合がアッシリアを亡ぼす。
605	ネブカドネザル２世が新バビロニアの王となる。
586	新バビロニア、ユダ王国を亡ぼす。
539	アケメネス朝ペルシアによって新バビロニアが滅亡。 バビロニアはアケメネス朝の属州となる。
330	アレクサンダー大王がアケメネス朝ペルシアを亡ぼし、 バビロンを征服する。
130頃	アルサケス朝パルティア帝国がバビロンを征服。

参考：『図説世界史』（東京書籍）、ジャン・ボッテロ『バビロニア』（創元社）

はじめに

混迷した世界経済の中で、今、私たちが学ぶべき「お金の教訓」

アメリカの実業家ジョージ・S・クレイソンが『バビロンの大富豪』を初めて世に出したのは1926年のことでした。当時のアメリカは第一次世界大戦後の好景気で空前の繁栄を謳歌していました。

こうした好景気の時期には、富を手にするためのノウハウが世の中を賑わすものです。ただし、その内容はというと、時代を反映し、「楽して富を手に入れる方法」「1週間で実現する大金持ちへの道」などのように、どこか浮ついた眉唾ものが主流を占める傾向にあります。

クレイソンが著した同書も、やはり富を手にするための方法、しかも極めて具体的な手法について書いたものです。しかし、好況時に書かれたにもかかわらず、その内容は決して派手でも眉唾ものでもありません。非常に現実的でむしろ地味な内容になっています。

その典型的な例が「収入の10分の1を貯蓄に回す」という、『バビロンの大富豪』で繰り返し登場する教えではないでしょうか。

考えてもみてください。当時は空前の好景気です。そんな時代に「収入の10分の1を貯金せよ」と言われて、大多数の人が同調するでしょうか。ビジネスが順調にいっている人ならば、「金は天下の回りもの」だとうそぶいて、クレイソンの言葉を笑い飛ばしたに違いありません。

また、自分も好景気の恩恵に与りたいと考えている人ならば、「もっと手っ取り早く富を手にする方法はないの?」と言って、やはりクレイソンの言葉に耳を傾けようとはしなかったのではないでしょうか。

ところがです。『バビロンの大富豪』が世に出てわずか3年後の1929年、ニューヨーク市場の株価大暴落をきっかけに大恐慌が世界を襲います。世に言う世界恐慌です。

その後、不況は長期にわたり、ようやく収束するのは1940年頃でした。その間アメリカでは、企業の倒産や従業員の解雇が相次ぎ、4人に1人が職を失ったといいます。

このような、先行きの見通せない不況時に、「収入の10分の1を貯蓄に回す」を聞いたとしたらどうでしょう。好況時にこの言葉を耳にしていた人ならば、「あのとき、クレイソンの言うとおりにしておけばよかった」と後悔したのではないでしょうか。

実際、『バビロンの大富豪』はその後も読み継がれ、90年以上も経った現在もその内容は色あせていません。仮に同書が浮ついた眉唾ものの作品だったとしたら、早くに淘汰されていたでしょう。

一方、現在の私たちを振り返ると、中国・武漢が発生源といわれる新型コロナウイルスにより、２０２０年の世界は、予期せぬ生命の危機に見舞われるとともに、経済は正念場に立たされています。先行きが不透明な状況は、まさに１９２９年に始まった世界恐慌の頃と同様です。

このような混迷の時代をしぶとく生き抜くには、やはりお金と上手につきあっていくことが、大きな課題の一つになるでしょう。『バビロンの大富豪』は、この課題に対処する知恵を私たちに授けてくれます。

本書では、クレイソンの著作に登場する7名の主要人物を軸に、『バビロンの大富豪』のストーリーをコンパクトに紹介するとともに、そこに秘められた知恵や手法を豊富な図解とともに解説しました。彼らが語る珠玉の名言も多数引用しましたから、実際に原典を読んでいる雰囲気も味わえると思います。

本書を読まれた方が10年後、「あのとき、クレイソンの言うとおりにしておいてよかった」と感じていただけたら、筆者としては望外の喜びです。

Contents

Episode 2

財布を肥え太らせる7つの鉄則
賢者アルカドの知恵

Episode 3

5つの金貨の法則

Episode 4

お金を貸すときの心得

Contents

Episode 5

負債といかに戦うか

Episode 6

失敗のない借金返済法

Episode 7

仕事を最良の友にせよ

Contents

Epilogue

現代人を守る「城壁」とは？

老兵バンザールの自信

装丁　萩原弦一郎（256）
イラスト　田中顕
編集協力　アスラン編集スタジオ
サイドランチ
DTP　アスラン編集スタジオ

iStock.com/duncan1890
iStock.com/Aaltazar

Prologue

『バビロンの大富豪』とは何か？

『バビロンの大富豪』は、今から90年以上も前に公表された、富を築く方法や蓄財哲学について書かれたものです。プロローグでは、現在まで読み継がれてきたこのロングセラーの概要について紹介します。

何について
書いた本なのか？

Theme
0-1

ジョージ・S・クレイソンが著した『蓄財の基本原則』

『バビロンの大富豪』は今から100年近くも前に公表された物語である。クレイソンは、なぜ物語の舞台にバビロンを選んだのか？

『バビロンの大富豪』とは何か

『バビロンの大富豪』(原題『The Richest Man in Babylon』)は、富を築く方法や蓄財哲学について説く著作で、今から100年近くも前に公表されました。著者のジョージ・S・クレイソン(1874~1957)は出版社クレイソン・マップ・カンパニーの経営者で、アメリカとカナダの道路地図を最初に出版した人物として有名です。

クレイソンが『バビロンの大富豪』を世に出したのは、1926年のことだといわれており、最初はパンフレット形式だったといいます。古代都市バビロンを舞台に、その街に生きる人々を通じて、財産を築く方法や借金を返済する方法を寓話形式で語っています。

当初、知人に配布していたパンフレットでしたが、やがて銀行や保険会社などの金融業界に噂が広がり、一般にも知られるようになりました。1955年には、その内容が評価され、一冊の本として成立します。

クレイソンは『バビロンの大富豪』の「まえがき」で、現在世界中で認められている蓄財の基本原則がこのバビロンで誕生したと述べています。おそらくこの点が動機となって、彼は物語の舞台にバビロンを選んだのでしょう。

また寓話には、リアル性と同時に空想性が欠かせません。そもそもバビロンという名から皆さんは何を想像しますか。ハンムラビ法典でしょうか。バベルの塔でしょうか。それともギルガメッシュ叙事詩でしょうか。おそらくこれらのキーワードが混ざり合い、謎に満ちた都市バビロンをイメージするのではないでしょうか。

実在はしたけれど、摩訶不思議な謎の都市バビロン。これはリアル性と空想性を同時に追求する寓話には格好の舞台だといえます。この点もクレイソンがバビロンを物語の舞台に設定した理由があったように思います。

『バビロンの大富豪』に登場する人物

『バビロンの大富豪』を開くと、その構成は序文と本文11章から成っています（ただし原典に「章」の名称はついていません）。最終章はバビロンの歴史的背景を解説する付録的位置づけなので、本文にある寓話は全10章となります。

次節でふれるように、この10章にバビロンで名うての大富豪や豪商、金貸しが登場し、彼らが蓄財哲学を披露します。

登場する主要人物は7名です。彼らは親子や師弟、恩人の孫など、様々な関係で結ばれています。あらかじめその人間関係を理解しておくと、『バビロンの大富豪』の世界にスムーズに入っていけると思います。次節ではその点を明らかにしておきましょう。

『バビロンの大富豪』とその著者

ジョージ・S・クレイソン
George S.Clason
(1874~1957)

1926年
『バビロンの大富豪』
を公開
(パンフレット形式)

1955年
『バビロンの大富豪』
書籍化

序文
- 第1章 黄金を熱望する男
- 第2章 バビロンの大富豪
- 第3章 財布を肥え太らせる7つの鉄則
- 第4章 幸運の女神に会う
- 第5章 黄金の5つの法則
- 第6章 バビロンの金貸し
- 第7章 バビロンの城壁
- 第8章 バビロンのラクダ商人
- 第9章 バビロン出土の粘土板
- 第10章 バビロンで一番幸運な男
- 第11章 バビロンの歴史背景

書籍版『バビロンの大富豪』は1955年に出版された。序文と全11章から成る。そのうち、本文は10章分。

どんな人物が
登場するのか?

Theme
0-2

『バビロンの大富豪』に登場する7人の賢者とその関係図

物語に出てくる主な人物は7名。そしてもう1名の現代人も登場する。彼らのプロフィールと関係性を簡単に知っておこう。

バビロンで活躍する7賢人たち

前節で述べたように『バビロンの大富豪』には登場する主役級の人物が7名います。以下、彼らの略歴と人間関係を説明しておきましょう。

・**アルガミッシュ**…物語の中では最も古い時代の人物で、『バビロンの大富豪』が立脚する蓄財哲学の大本的存在です。物語に登場した時点ですでに大金持ちで、彼がどのような経緯でそうなったのかは不明です。

・**アルカド**…バビロン一の大富豪として物語の中で最も目立つ存在です。平凡な家庭の出で、最初は公文書館で書記の仕事をしていました。そこで出会ったのがアルガミッシュです。アルカドはアルガミッシュから蓄財術の教えを伝授され、それを実践することで王様にも助言する蓄財のプロになります。

・**ノマジール**…アルカドの息子です。当時のバビロンでは、息子が親の財産を継ぎました。しかし、アルカドは世襲を嫌い、自分の築いた富を継承する人物にふさわしいか、息子ノマジールをテストします。ここにノマジールの冒険が始まります。

・**メイソン**…絨緞商を営みながら金貸しを生業にしています。前出の3賢人との関係は不明ながら、メイソンのとる蓄財哲学も3賢人と同じ流儀であるため、いずれかを師としたものと考えられます。

・**ダバジール**…借金を踏み倒したあと奴隷に落ちぶれます。その後、心を入れ替えて借金を完済し、ラクダ商人として成功します。借金返済の際、彼にアドバイスしたのが金貸しメイソンでした。ですから、ダバジールはメイソンの弟子にあたります。

・**シャル・ナダ**…バビロンの豪商です。この人物は前出の人々から独立しており、彼が話す物語は蓄財哲学というよりも人生哲学に近いものになっています。

・**バンザール**…バビロンの老兵です。彼も前出の人々と独立しています。人生にとって蓄えの重要性を示す象徴になっています。

物語には現代人も登場

バビロンを舞台に活躍する主要人物は以上の7名です。これに加えてもう1名、現代人として**シュルーズベリ**という人物が登場します。この人は考古学者で、なんと**ダバジール**が説く方法で富をつかむことに成功します。

さらにこれらの登場人物に副主人公や脇役がからみ、『バビロンの大富豪』の物語が展開していきます。本書ではそのあらすじを語るにあたり、理解がはかどる独自の方針を用意しました。引き続き次節でその点を紹介します。

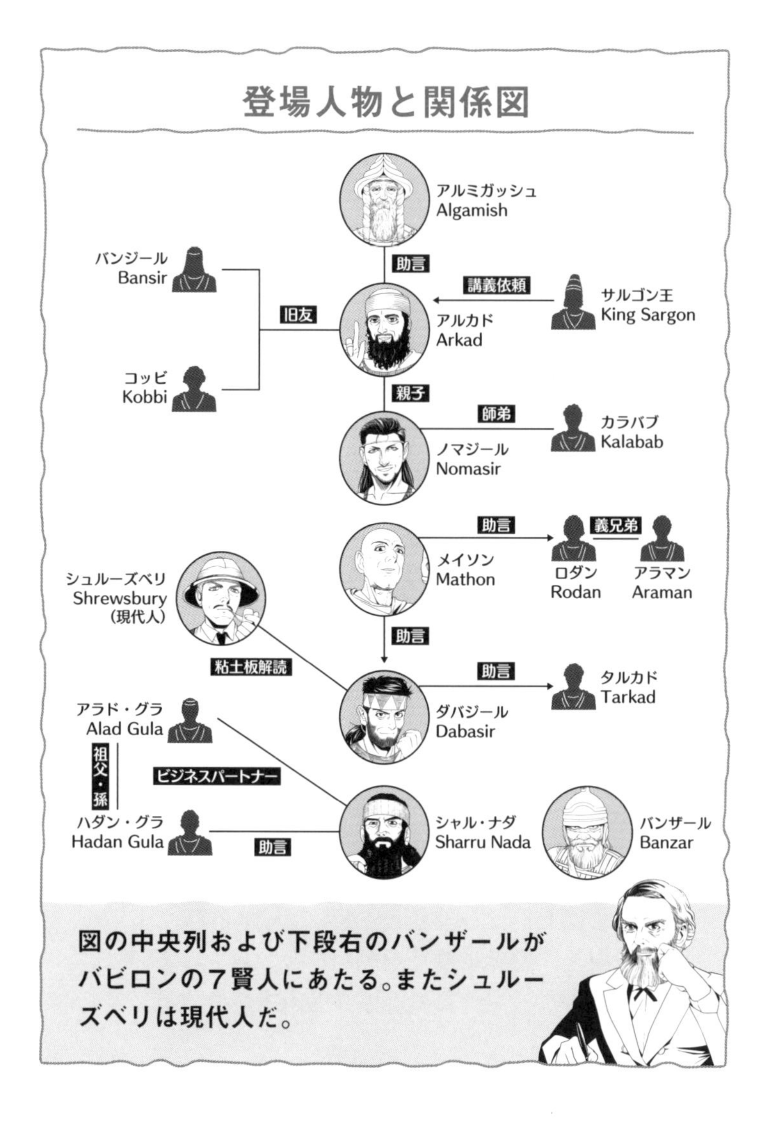

登場人物と関係図
アルミガッシュ
Algamish
助言
バンジール
Bansir
講義依頼
サルゴン王
King Sargon
旧友
アルカド
Arkad
コッビ
Kobbi
親子
師弟
カラバブ
Kalabab
ノマジール
Nomasir
助言
義兄弟
メイソン
Mathon
ロダン
Rodan
アラマン
Araman
シュルーズベリ
Shrewsbury
(現代人)
助言
粘土板解読
助言
タルカド
Tarkad
アラド・グラ
Alad Gula
ダバジール
Dabasir
祖父・孫
ビジネスパートナー
ハダン・グラ
Hadan Gula
助言
シャル・ナダ
Sharru Nada
バンザール
Banzar
図の中央列および下段右のバンザールがバビロンの7賢人にあたる。またシュルーズベリは現代人だ。

『バビロンの大富豪』を
速攻で理解するには？

Theme
0-3

『図解 バビロンの大富豪』の構成と概略

本書は1エピソードごとに1人の人物にスポットを当て、原典の内容を網羅しつつ展開していく。また、バビロンの歴史や文化も紹介する。

本書と原典の対応関係

本書『図解 バビロンの大富豪』は、原典である『バビロンの大富豪』のストーリーを追いながら、そこに含まれる蓄財哲学や人生哲学を紹介するものです。すでに述べたように、『バビロンの大富豪』の本編は10章になっています。この10章に7人の賢人および1人の現代人が一部またがって登場します。そこで**本書では、主要登場人物にスポットを当てて、彼らが語る物語や言葉を通じて、原典の内容を理解できるようにしました。**

この考え方を適用し、本書の本文は全部で7話としました。それにエピローグを加えると7話＋1となります。ここにバビロンで活躍した7賢人と現代人1人を割り振ることにしました。これら7話＋エピローグは、原典の章内容とも対応するようになっています。

以下、登場人物の割り振りと原典との対応関係です。

エピソード1 アルガミッシュ（アルカドも登場）―原典の第1章・第2章
エピソード2 アルカド―原典の第3章・第4章
エピソード3 ノマジール（アルカドも登場）―原典の第5章
エピソード4 メイソン―原典の第6章

エピソード5　ダバジール（メイソンも登場）─原典の第8章
エピソード6　シュルーズベリ（ダバジールも登場）─原典の第9章
エピソード7　シャル・ナダ─原典の第10章
エピローグ　バンザール─原典の第7章

至言・名言もふんだんに収録

このように、本書は構成こそ原典と異なるものの、原典を網羅する内容になっていることがわかると思います。これにより原典の粗筋も理解できるでしょう。なお、原典の第7章は最も短い章で、エピローグにふさわしいため末尾に配置しました。

また、**原典の中にあって、どうしても取り上げたい名言・至言を本文に散りばめました。これにより少しでも原典を読んでいる雰囲気を味わえるのではないでしょうか。** さらに、各エピソード末のコラムでは、都市国家バビロンの歴史や社会制度、文化などについてふれています。これは原典の第11章（付録の歴史背景）にも対応していて、これらを通じて『バビロンの大富豪』の時代背景が理解でき、7賢人がより身近な存在になるはずです。

それでは、『バビロンの大富豪』の舞台となる数千年の彼方へとタイムトリップすることにしましょう。

本書と原典の関係

本書の構成		原典の章番号
エピソード1	アルガミッシュ 	第1章・第2章
エピソード2	賢者アルカド 	第3章・第4章
エピソード3	アルカドの息子 ノマジール 	第5章
エピソード4	金貸しメイソン 	第6章
エピソード5	ラクダ商 ダバジール 	第8章
エピソード6	考古学者 シュルーズベリ 	第9章
エピソード7	元奴隷 シャル・ナダ 	第10章
エピローグ	老兵バンザール	第7章

以下、7つのエピソードとエピローグで話は進む。また各エピソード末のコラムではバビロンの歴史や文化を紹介する。

バビロンの歴史

世界四大文明の一つであるメソポタミア文明は現在のイラクがある地域に成立しました。チグリス川とユーフラテス川にはさまれた一帯のことで、メソポタミアはギリシア語で「川のあいだの地」を意味しました。メソポタミアの北部をアッシリア、南部をバビロニアと呼びます。アッシリアやバビロニアには都市国家が発達しました。都市国家では、君主が支配する都市の周囲に村や町が集まっていました。バビロンも都市国家の一つで、バビロニア地域の北部、現バグダッドの南方約80ｋｍのあたりにありました。

バビロンが歴史に登場するのは紀元前2000年頃のことです。その後、バビロン第一王朝の第６代目にあたるハンムラビ王の時代（前1792～1750頃）に、バビロニア王国の首都として繁栄しました。この第一王朝の時期を古バビロニア時代と呼びます。その後、外敵の侵略に苦しみますが、ナボポラッサルが前７世紀後半に再びバビロンを首都とし、続くネブカドネザル２世が復興を果たしました。

世界の中心都市として君臨したのが、この新バビロニア時代のバビロンです。しかしながら、前６世紀後半、バビロニア王国はアケメネス朝ペルシアに亡ぼされ、バビロンはペルシアの属州になります。前４世紀後半には、ペルシアを征服したアレクサンダー大王がバビロンの復興を目指しました。しかし大王の死後、バビロンは衰退し、やがて歴史の舞台から姿を消します。

Episode

1

富を操る3つの法則

大富豪アルガミッシュの教え

公文書館の書記アルカドは、アルガミッシュに富豪になる方法を尋ねました。そこで伝授された「富を操る３つの方法」とはどのようなものだったのでしょうか。

お金が貯まらない人間に
必要な知恵とは何か?

Theme

1

財布にお金が
定期的に入ってくる
「お金の流れ」を作れ

あくせく働いてもお金が貯まらない人がいる一方で、いつも財布が膨らんでいる人もいる。
この違いはどこから生まれるのか?

なぜ、お金が貯まらないのだろう

今から数千年以上も前、古代都市バビロンに世界の富が集積していた頃の話です。馬車職人バンジールは、住居に隣接する仕事場で、作りかけの馬車を一人ぼんやりと眺めていました。

バンジールがただただ漫然としているのにも理由がありました。彼は来る日も来る日も働いて、バビロン一素晴らしい馬車を作り続けてきました。腕には自信がありました。また、誰もが馬車職人の彼を敬っていました。

ところが今日、ある考えが頭を過る(よぎる)と、馬車を作るバンジールの手がはたと止まってしまったのです。そこへやって来たのが古くからの親友で竪琴奏者のコッビでした。バンジールはコッビに尋ねました。

「なあ、良き友よ。オレは来る日も来る日も汗水たらして働いて、バビロン一の馬車を作ってきた。しかし、このざまはどうだ。**財布の中は空っぽだよ。なぜ働いても働いても、お金が貯まらないのだろう**」

コッビは竪琴(たてごと)の名手として、バビロンでその名を知られていました。しかし、そのコッビも財布の中身は空っぽです。

「オレとて同じよ、バンジール。そういえば先日、アルカドが馬車に乗っているのを見たぞ。旧友のオレに愛想良く手を振ってくれたものだ。今やバビロン一の大金持ちだよ」

「アルカドか。あれだけの大金持ちに闇夜で会ったら、金貨でいっぱいの財布に手を掛けかねないよ」

「馬鹿げたことを。**富は財布の中にあるわけじゃない。財布に入ってくるお金の流れがなければ、すぐ空になる。アルカドにはいつも財布を膨らませておく定期収入があるのさ**」

「ん、そうだ、コッビ。ならばアルカドに、そのお金の流れを生み出す方法を教えてもらおう。そうすればわれらもアルカドと同じく財布を金貨で満たせるのではないだろうか」

助言を求めて大富豪のもとへ

こうしてバンジールとコッビは、古くからの友人で、やはり財布が空っぽの同輩を誘い、アルカドを訪ねるのでした。

クレイソンの『バビロンの大富豪』は、以上のような場面からスタートします。どうやら「働けど働けど、お金が貯まらない」のは、数千年前から変わらないようです。

では、アルカドは旧友たちにどのような助言をしたのでしょうか。引き続きその点を見てみたいと思います。

「富」とは何か？

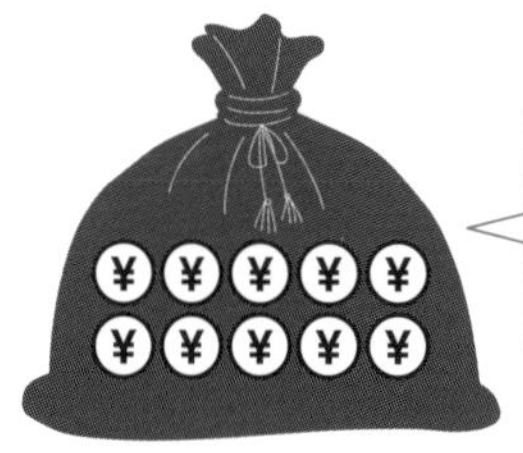

財布の中にある
お金は
富ではない。

お金の流れ

財布に入ってくる
お金の流れが
「富」の本質なのだ。

財布に入っているお金は使えばなくなってしまう。「富」とは財布に入るお金の流れ、定期収入を指す。

アルカドはいかにして大富豪になったのか？

Theme
2

富を築く方法は学べる。学んだらその方法に従え

大金持ちになれるかどうかは、つきのあり、なしで決まるのではない。では、「富を築く方法」とはどのようなものなのか？

「富を増やす方法」に従え

その日、アルカドのもとに旧友が集まりました。彼らは口々に言います。

「アルカド、お前はついていたな。オレなんかしがない暮らしをしているけど、お前はバビロン一の大富豪じゃないか。まったくうらやましいものだ」

「オレもお前も始まりは同じだったはずだ。勉強も遊びも、オレたちより目立ってできたわけじゃない。どうしてこんな差がついたんだろう」

「オレたちはずっと懸命に働いてきた。決してお前さんの働きに見劣りしなかったと思う。しかし、幸運の女神はお前さんだけにほほえんだ。なんでオレたちは無視されちまったんだろう」

アルカドは旧友の言葉を微笑しながら聞いていました。そして、満を持して口を開きました。

「なるほど、ボクがついていたと言うのだな。**しかしボクが思うに、キミたちが若い頃からずっと生きていくだけで精一杯だったとしたら、富を築く方法を学ばなかったか、学んでも守らなかったかのどちらかに違いないと思うよ」**

アルカドに言わせると、つきは大金持ちを作りません。むしろつきを呼び込む幸運の女神がいるとしたら、その人の人生を狂わせてしまう、というのがアルカドの考えです。というのも、労せずして大金を手にした人間は、途端に金遣いが荒くなるからです。挙げ句の果てにあぶく銭をすっかり使い果たします。しかし、金を使う喜びは忘れられません。このように幸運の女神は浪費家を作り出すのに長けているというわけです。

大金持ちアルガミッシュとの出会い

旧友の中のある者が尋ねました。

「ならばアルカド、お前さんの言う『富を築く方法』とはいったいどのようなものだね。そこんところを教えてくれないか」

「もちろん話そう。そのためには、**ボクの若かりし頃の経験について語る必要があるだろうね。ボクが働き始めた頃の話だ**」

アルカドが最初に就いた職業は公文書館の書記係でした。粘土板に文字を刻む仕事です。彼は毎日懸命に働きました。しかし、お金は一向に貯まりません。

そんなある日、大金持ちとして著名なアルガミッシュがやって来ました。彼は法典第9条の写しを注文し、2日で仕上げてくれたら銅貨2枚を支払う、とアルカドに言いました。このささいな出来事が、バビロン一の大富豪アルカドを誕生させることになります。

学ぶべきことは何か

アルカドよ。お前は大富豪なのに、
なぜオレたちは貧しいままなのだ？

富を築く方法を学ばな
かったか、学んでも守
らなかったからだ。

ならば、
その富を築く方法を教えてくれ！

もちろんだ。
では、ボクが働き始め
た頃の話をしよう。

アルカドのもとに集った旧友は、富を築く方法を教えてくれと乞う。こうして、アルカドの昔語りが始まった。

富を築く
最初の一歩とは?

Theme
3

収入の10分の1を蓄えること。これが富を築く最初の一歩だ

稼ぎの一部を自分のものとして取っておき、残りのお金で生活する。これを実践することで、大金持ちへの道が開けるのだ。

富を築く秘訣を乞う

アルカドが請け負った法典第9条はとても長文でした。そのため2日間では完成しませんでした。アルガミッシュはひどく立腹しました。しかしアルカドは恐れずに言いました。
「アルガミッシュさん、今日徹夜して全部完成させましょう。そうしたら、ボクにあなたのような大富豪になる方法を教えてもらえませんか」
アルガミッシュはアルカドの顔を見てニヤリとしました。
「厚かましい坊主だな。しかしいいだろう。約束を守ったらその秘訣を教えてやろう」
アルカドは徹夜で粘土板に文字を刻み、約束どおり次の朝までに完成させました。アルガミッシュは粘土板を受け取ると低く強い声で言いました。
「約束どおり完成させたな。では、こちらも約束を守るとしよう。いいか。**私が富を築く道を見つけたのは、私の稼ぎの一部を自分のものとして取っておこう、と心に決めたときだ。お前も同じようにすればよい**」
アルガミッシュの言葉はたったこれだけでした。
「そ、それで全部なんですか？」
「そうだ。羊飼いの心を金貸しの心に変えるには、これで十分じゃ」

アルカドはよく飲み込めませんでした。そもそも自分が稼いだお金は自分のものです。その一部を自分のために取っておくとはどういうことでしょう。

収入の10分の1を自分のために取っておく

アルカドがその点について尋ねると、アルガミッシュは言いました。

「仕立屋に支払う金、サンダル屋に支払う金、食糧品に支払う金など、バビロンで生活していくには、自分以外の多くの人に金を支払わなければならん。一方で自分のために収入の10分の1を取っておいたとしよう。10年後にはどうなる」

「1年分の収入と同額が手元に残ります」

確かにアルカドの言うとおりです。しかし、アルガミッシュによると、それは事実の半分にしか過ぎません。それというのも、貯めたお金を投資に回せばお金がお金を生むからです。このようにお金を奴隷のように働かせば、10年後の蓄えはより大きくなります。

「よいか。**少なくとも収入の10分の1を自分のものとして取り置きなさい。余裕があればそれ以上でも構わん。残った金で日々の生活をするようにしなさい。富は樹木のように小さな種から生長する。収入の10分の1がその小さな種だと思いなさい**」

アルガミッシュはそう言い残すと、粘土板を手にその場を去りました。

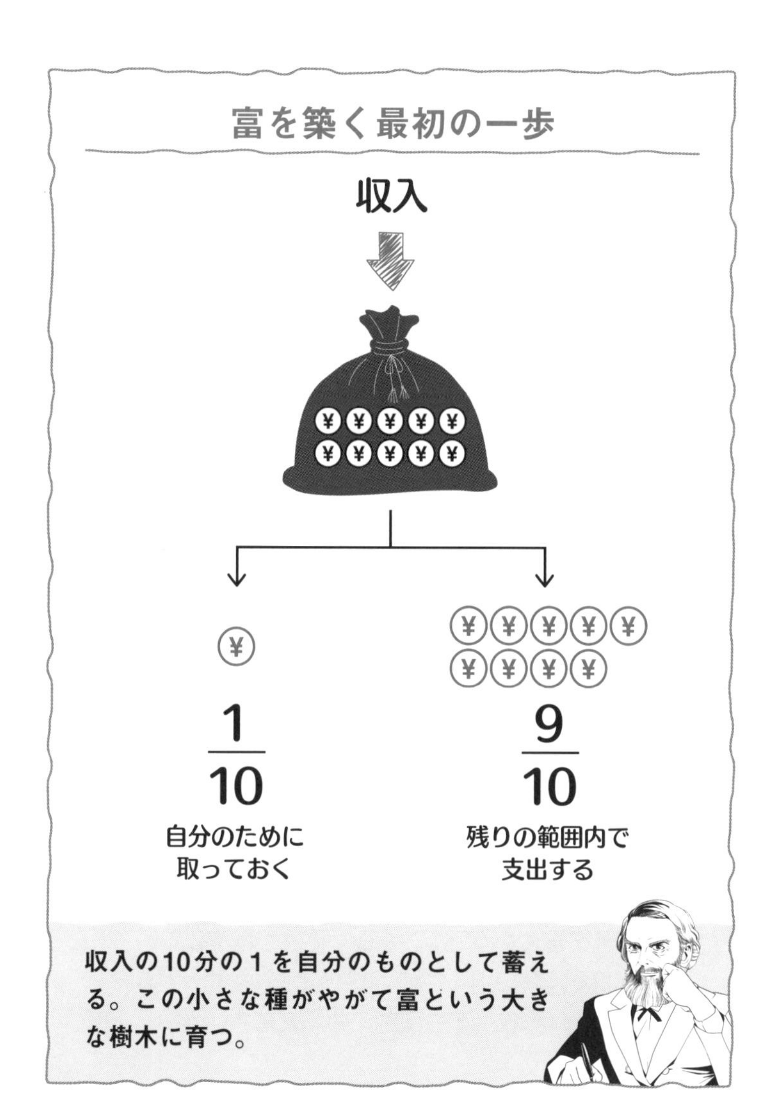
富を築く最初の一歩
収入
1/10
自分のために
取っておく
9/10
残りの範囲内で
支出する
収入の10分の1を自分のものとして蓄える。この小さな種がやがて富という大きな樹木に育つ。

アルカドは経験から何を学んだのか？

Theme

4

学ぶべきは「富を上手に操る3つの法則」である

お金を蓄えたうえで、さらにそれを増やしていくには「富を上手に操る3つの法則」を知っておく必要がある。その法則の中身とは？

転んでもただで起きないアルカド

さっそくアルカドは、アルガミッシュの助言どおり収入の10分の1を自分のために取り置きするようにしました。不思議だったのは、10分の1を蓄えに回しても、以前と生活のレベルが変わらないことです。

1年が過ぎたとき、アルガミッシュが再びアルカドのもとにやって来ました。アルカドは収入の10分の1を自分のために取っていること、蓄えたお金をレンガ職人に預け、宝石に投資したことを話しました。

「ああ、なんて馬鹿なことを。宝石についてよく知っているのは宝石商だ。レンガ職人ではない。**金を投資するには、その道の経験が豊かな者に相談しなければならないものを**」

アルガミッシュの言うとおり、アルカドの投資は大失敗に終わりました。レンガ職人は騙されてガラスを購入してきたのです。アルカドの蓄えは一瞬にしてなくなりました。

しかし、アルカドは諦めません。収入の10分の1を貯め続け、今度は青銅の買い付けに資金が必要な盾職人アッガールに貸し付けて、利子をもらうようにしました。アルカドはこの利子で、ちょっと贅沢な食べ物や着る物を買うようになりました。アルカドはそのことを、1年後に再びやって来たアルガミッシュに話しました。

「ああ、なんて馬鹿なことを。お前は金が生んだ子を全部食べてしまっているのだね。金が生んだ子どもには手をつけず、その子どもがさらに子どもを産むようにしなさい」

それから再びアルガミッシュがやって来るまでの2年間、アルカドは教えを忠実に守りました。今でもレンガ職人と付き合っていますが、彼に相談するのはレンガについてのことです。盾職人が青銅に詳しいように、その道のベテランの助言に従うようにしています。利子は使わず盾職人に貸し付けました。それを聞いたアルガミッシュは言いました。

「よろしい。お前は、稼いだ金の使い方、経験豊かな者への相談、蓄えた金の働かせ方、この『富を上手に操る3つの法則』を学んだのだ」

現代人にも役立つアルガミッシュの教え

収入の10分の1を蓄えること、蓄えたお金がさらにお金を生むようにすること、投資にあたっては経験豊富なベテランの助言に従うこと。以上が「富を上手に操る3つの法則」です。アルカドが友人に伝えたかった「富を築く方法」の基礎中の基礎です。

会社員の場合、一生涯で2〜3億円の稼ぎがあるといわれています。**「富を上手に操る3つの法則」に従うと、退職時に2000万〜3000万円が手元に残ります。**たったこれだけで老後2000万円問題に対応できるとは、ちょっと驚きだと思いませんか。

富を上手に操る３つの法則

法則 1　収入の10分の１を蓄える

法則 2　蓄えたお金を投資に回す

法則 3　投資にあたっては経験者の助言に従う

アルカドが旧友に伝えたかった「富を築く方法」とは、この「富を操る３つの法則」に従うことに他ならない。

くさび形文字と書記

文字はメソポタミア文明が人類に残した最も重要な遺産です。文字を発明したのは前3200年頃、バビロニア南部に住んでいたシュメール人でした。メソポタミアは交易が盛んだったため、取引に関する会計の記録が必要だったといわれています。これが文字の発明を促し、やがて公共の大組織を維持管理していくため、現在の紙に相当する粘土板に文字を刻んで記すシステムが発達しました。

最初の文字は、ものの形を線書きした絵文字や表意文字でした。これが様式化されて丸みのない切れぎれの直線で記すくさび形文字へと発展していきます。さらに、この文字が言葉と結び付き、音を示すようになります。文字が表音文字になることで、言葉にできることは何でも文字にして表現できるようになりました。

その当時の文字は一般人が理解できるものではありませんでした。口述を筆記する書記の養成が欠かせません。そのための学校があり、ここで書記見習いは基礎を学びました。この学校を卒業した者が公文書などの作成にあたりました。

エピソード1に登場したアルカドは、公文書館で書記の仕事に就きました。ですからそれ以前にアルカドは、学校でくさび形文字を学んでいたに違いありません。

Episode

2

財布を肥え太らせる７つの鉄則

賢者アルカドの知恵

富を蓄えたアルカドは、バビロン市民に向けて蓄財方法の講座を受け持つことになりました。アルカドが講座で伝授したのは「財布を肥え太らせる７つの鉄則」でした。

やせ細った財布を
どうやって肥え太らせるのか?

Theme
5

欲しいものと必要なものを混同せず、10分の9の範囲内で支出する

欲しいものを際限なく買い続けていたら、お金は当然足りなくなる。支出計画に従って生活することがすべての基本である。

アルカドの講義

アルガミッシュから「富を上手に操る3つの法則」を学び、実践してきたアルカドも、いまや70歳になりました。もはや大富豪としてバビロンで知らぬ者などいません。

賢王サルゴンは、そんなアルカドを召し出し、市民に対して富を生み出す術（すべ）を伝授させることにしました。いわばお金の殖やし方に関する市民講座です。

この講座でアルカドは、「富を上手に操る3つの法則」を基礎に、自身の経験も織り込んだ**「財布を肥え太らせる7つの鉄則」**を公開しました。この鉄則がいかなるものかが、エピソード2のテーマになります。

講座当日、選ばれた100人が大講堂に集まり、アルカドの講義が始まりました。70歳という年齢にもかかわらず、背筋は伸び、鋭気をみなぎらせているアルカドは、有志に対して語りかけました。

「それでは第1の鉄則から、ともに考えてまいりましょう」

アルカドが最初に示した鉄則は、かつてアルガミッシュから教わった**「財布に10枚の銅貨が入ってきたら、使うのは9枚までにしなさい」**でした。この法則は以後もたびたび登場するので『バビロンの大富豪』の黄金律と言っても過言ではありません。

ただし、自分用に10分の1を残して、残り10分の9を支出に回す際に、重要なコツがあるとアルカドは言います。それは「**欲しいものと必要なものを混同せず、10分の9の範囲内で支出する**」ということです。これが第2の鉄則になります。

欲しいと思うものと必要なものの違い

私たちには欲しいものが無数にあります。私たちは収入のある限りこれら欲しいものを買い続けます。場合によっては信用貸しを使ってでも手に入れようとします。これではすぐに収入を超えるお金が必要になり、いくら実入りがあっても追いつきません。

そもそも欲しいものは無数なわけですから、すべてを手に入れるのは事実上不可能です。その際の制約は決して収入だけではありません。時間や体力、あるいは能力の制限なども受けるでしょう。

すべてが手に入らないのならば、欲しいものに優先順位をつけなければなりません。そのために、**欲しいものを全部リストアップし、その中から自分が本当に必要としているものを、収入の10分の9でまかなえる範囲で特定します。**残りについては購入を諦めるか、将来の楽しみに取っておきます。このような支出計画書を作り、それに従って生活することで、収入の10分の9の範囲内でやり繰りできるようになります。

第1の鉄則　第2の鉄則

収入の10分の1は蓄えよ！

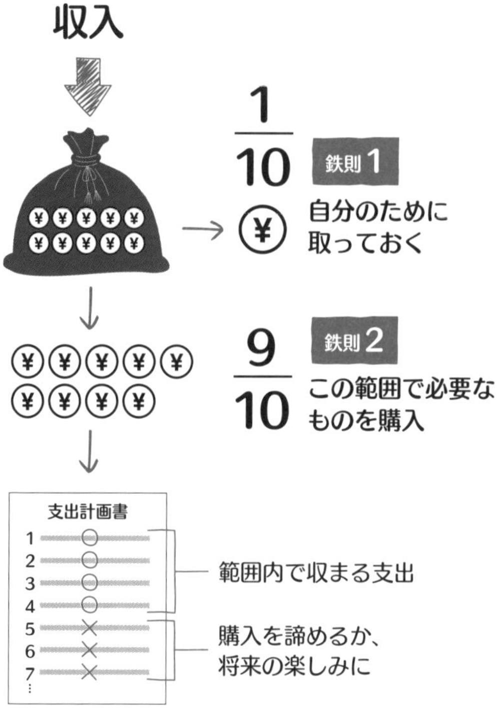

収入

1/10　鉄則1
自分のために
取っておく

9/10　鉄則2
この範囲で必要な
ものを購入

支出計画書
1 ○
2 ○
3 ○
4 ○
5 ×
6 ×
7 ×
⋮

範囲内で収まる支出

購入を諦めるか、
将来の楽しみに

収入を得たら自分のためにその10分の1を取っておく。支出計画に従って残り10分の9の範囲内でやり繰りする。

富の本質とは
何なのか?

Theme
6

富とは
財布を肥え太らせる
お金の流れである

富を増やすには蓄えたお金を投資することが肝心だ。適切に投資し、損失からお金を守るために身につけるべき知恵とは?

富とは絶えず流れ込む定期収入のこと

10分の1を自分のために蓄えられるようになったら、このお金を遊ばせておくのではなく、お金がお金を生むよう工夫しなければなりません。これがアルカドの言う第3の鉄則でした。こちらもアルガミッシュから伝授された法則の活用です。

アルカドは言います。

「**富は財布の中にあるわけではありません。富とは、絶えず財布に流れ込む定期収入、財布を肥え太らせるお金の流れを指します**」

お金の流れを作り出すこと、これすなわち投資に他なりません。お金は、適切に投資する、言い換えると適切な働き場所を与えると、自らの子孫を次々と作り出します。これが私たちの財布へと流れ込んでくるわけです。

このようなお金の流れを作り出しておくと、仕事をしていようが旅に出ていようが、勝手に財布にお金が入ってきます。アルカドはこのようなお金の流れをいくつも作り出すことに成功しました。だからバビロン一の大富豪と呼ばれるようになったわけです。

ただし、投資にあたっては注意しなければならないことがあります。「**損失からお金を守ること**」、これが第4の鉄則です。

損失からお金を守る

最も注意すべきが、一攫千金を狙って、リスクの大きい事業や物件に投資することです。長期的に考えるとリスクの大きな賭けに勝ち続けられるはずがありません。

守るべき投資の原則とは、元本の保証を確実にすることです。一攫千金など考えてはなりません。

また、投資対象については深くじっくりと研究すべきです。こうすることで事前にリスクを明らかにできます。

さらに、**対象となる投資分野で経験と実績を持つ人のアドバイスに深く耳を傾けることです。**アルカドの最初の失敗を思い出してください。

アルカドはレンガ職人の勧めで宝石に投資しました。しかしレンガ職人が持ち帰ったのは宝石ではなくガラスでした。

ここから得られる教訓とは、仮に宝石に投資するのならば、助言を仰ぐのはレンガ職人ではなくその道の達人、例えば宝石商だということです。

このように、収入の10分の1を蓄え、無駄な出費を減らし、蓄えたお金を元本が保証された投資に回し、経験者の助言に従うこと、以上が第4までの鉄則です。

第3の鉄則 第4の鉄則

蓄えたお金は増やして守れ！

鉄則3

投資＝お金の流れを作り出す

鉄則4

損失からお金を守る

- 一攫千金は狙わない
- 元本の保証を確実に
- 投資対象はじっくり研究する
- 経験者の助言に従う

蓄えたお金は投資に回し、お金の流れを作り出す。投資にあたっては、損失からお金を守ることが大切だ。

誰にも共通する
身近な投資対象とは?

Theme
7

あなたの住まいを、利益を生む投資対象にしなさい

長期的な視点から人は何に投資をすべきか?
そして、老後や死後に備えて何をすべきか?
アルカドが教える鉄則は今でも有効だ。

持ち家がある人には多くの恵みがある

続いてアルカドが説く、財布を肥え太らせる第5の鉄則です。アルカドは言います。

「あなたの住まいを、利益を生む投資対象にしなさい」

ちょうどこの頃、バビロンでは城壁（76ページのコラム参照）の拡張工事が行われており、土地が手ごろな価格で購入できました。

住まいの取得は所有者に自信と意欲、それに誇りを与えてくれます。これが仕事の動機づけにもなります。

また、銀行は（当時、このような業態はありませんでしたが）、自宅を所有しようとする人に積極的に融資します。

しかも、住宅の所有者が返す月々のお金は家賃ではなく返済金です。払うたびに負債は減ります。その負債がなくなれば住まいは完全にあなたのものです。こうして生活費を除くと、やがて必要な定期的支出は税金程度になるでしょう。

このように、持ち家がある人には多くの恵みがあります。だからアルカドは、住まいの所有を第5の鉄則として掲げたわけです。さらにアルカドは言いました。

「お金の法則が理解できるようになり、蓄えが徐々に増え出してきたら、来たるべき日々に備えなさい」

来たるべき日々とは老後のことであり、あなたがこの世を去ったあとのことです。これが第6の鉄則です。

「老後の暮らし」を念頭に置く

人間ならだれしも幼年から晩年へと年を重ねていきます。これは避けて通れないことです。このやがて来る晩年に向けた備えを、できれば早くにスタートさせておくべきです。そして、**あなたが死を迎えたとき、残された家族がその富で暮らしていけるよう準備しておくべきです。**準備を始めるタイミングとしては、財布を太らせる鉄則を理解し、富が少々手元に残るようになってきた頃合いです。

また、アルカドは、会員が定期的に少額のお金を積み立てる互助組織の必要性について言及しています。この互助組織では、会員が他界した際に、その家族に対して相当額のお金が支払われます。アルカドが生きていた当時、そうした組織は存在しませんでしたが、近い将来このような組織が成立するだろうと予測しています。アルカドが言う互助組織とは、今日の生命保険会社を指しています。つまり著者のクレイソンは、暗に我々に生命保険の加入を勧めているわけです。

第5の鉄則 第6の鉄則

持ち家を取得して老後に備えよ！

鉄則5

住まいを投資対象に

返済 → 家賃ではない
支払うたびに負債が
減る

鉄則6

来たるべき日に備える

備え → 少々富が蓄積したら
始める

住まいは年老いたときの終の棲家としても重要だ。その意味で鉄則5は鉄則6とも関連することがわかる。

より報われるには
どうすべきか?

Theme
8

もっと知識を増やしなさい。そうすれば収入はより増える

豊かになるだけでなく人生を充実させるには、人として成長し続けなければならない。そのために私たちは何をすべきか?

目標を持って能力を高める

いよいよ第7の鉄則です。ここでアルカドが言及するのは、お金そのものよりも、むしろ人間の願望や能力についてです。

豊かで幸せに暮らしたい。これは誰もが抱く願望に違いありません。強い願望は行動の原動力になります。しかし願望には具体的な形が必要です。

例えば、「もっとお金を稼ぎたい」というのは願望ですが、具体的な形を伴っていません。これが「金貨5枚を稼ぎたい」になると具体的な目標となります。つまり、具体的な願望とは、具体的な目標と言い換えてもよいでしょう。

具体的な目標は、達成すべきゴールを明確にします。これにより人の行動を強力に後押しします。

この目標を達成するための近道が、知識を高め、仕事の能力を向上させることです。仕事とは、他者や共同体、社会に貢献することです。

「**もっと知識を増やしなさい。そうすれば収入はより増えます。もっと仕事力を高めなさい。そうすればより報われるでしょう**」

そして、継続して社会に貢献するには、仕事を遂行する能力を一生涯高め続けなければなりません。アルカドは言います。

「だから私は、いかなる人も立ち止まることなく進歩の最前線にいなさい、と説いています。さもなければ取り残されます」

より多くの人に「鉄則」を伝えよ

能力が向上すると、仕事の質が高まり、自ずと見返りも大きくなります。これは人に大きな自信を与えます。この自信がさらに能力の向上を後押しします。

このように、具体的な目標を持ち、仕事の能力を高め、自信を持って社会に貢献することが、財布を肥え太らせる第7の鉄則です。

この第7の鉄則を守ることにより、人は単に経済面で豊かに生きるだけでなく、精神面においてもより実りの多い人生を歩めます。アルカドは最後に言いました。

「**この鉄則を実践し、富を手に入れてください。素晴らしい人物になって人生を満喫してください。さらにそうなった暁には、より多くの人にこの『財布を肥え太らせる7つの鉄則』を広めてください**」

アルカドはこう述べて講義を終えたのでした。次はアルカドの生徒である私たちが、この鉄則を実践する番です。そうだと思いませんか。

財布を肥え太らせる７つの鉄則

第1の鉄則　収入の10分の1を蓄えよう

第2の鉄則　支出を管理しよう

第3の鉄則　お金を働かせよう

第4の鉄則　損失から富を守ろう

第5の鉄則　住まいを投資対象にしよう

第6の鉄則　来たるべき日に備えよう

第7の鉄則　仕事力を高めよう

「財布を肥え太らせる７つの鉄則」を一言でまとめると上記のようになる。あとは実践あるのみだ。

「幸運の女神」に出会うには
どうすべきか?

Theme
9

好機をつかむことで、
幸運は
引き寄せられる

目の前にせっかくのチャンスがあるのに、みすみす逃してしまうのはなぜだろう。幸運に恵まれる人に共通する行動とは?

幸運は、どうやって引き寄せるのか

アルカドは「財布を肥え太らせる7つの鉄則」について講義したあと、専用の講座を持ち、定期的に市民と討論するようになりました。**この市民大学である日、「幸運を引き寄せる方法」に関する討論がありました。**

話の発端はこうです。講座を聴きに来た一人の男が、今朝、予期せず金貨の入った財布を拾った話をします。その上で、世の中には幸運を引き寄せる方法などあるのか、と問いかけたのです。アルカドを中心に議論が始まると、やがて話題はみすみす幸運を逃した話へと移ります。アルカドが、そうした経験のある人はいるかと問うと、多くの人が手を挙げました。そのうち2人が体験談を語ります。

最初の人物は雑貨商で、結婚したばかりの頃の話です。男は父親から灌漑事業への投資を誘われました。父親は若い頃に苦労したため、息子に早くから財を築いてほしいと考えていたのです。父親は熱心に勧誘します。しかし、男は乗り気でなく、ずるずると返事を先延ばしし、やがて話はうやむやになりました。ところがこの灌漑事業は大成功し、雑貨商は得られたはずの莫大な利益をみすみす逃してしまいました。

もう一人の人物は家畜商でした。この男が10日間の買い付けから手ぶらで夜更けのバビロンに戻ったときのことです。城門はすでに閉ざされており、一行は城外でテントを張りました。そこへ同じく城内に入れなかった農夫が、羊一群れを買ってほしいと言ってきました。妻が熱病で伏せっており、すぐに家に戻りたいとの話です。

焦っていた農夫の言い値は非常に安く、交渉は成立しました。しかし農夫が900頭いるという羊は、夜のため数えられません。農夫は今すぐ代金を支払ってほしいと言いますが、家畜商は夜が明けて、頭数を数えてからでないと支払わないと拒否しました。そうこうするうちに朝になって城門が開くと、別の家畜商がやって来て3倍の値ですべての羊を農夫から買い上げました。バビロンではちょうど食糧が逼迫していたのです。こうしてこの家畜商もまた、得られたはずの莫大な利益をみすみす逃しました。

優柔不断や先延ばしが幸運を遠ざける

これらの体験談から得られる教訓とは何でしょう。それは、優柔不断や先延ばしが、せっかくの幸運を逃してしまうということです。アルカドは言いました。

「**幸運はたいてい好機と連れ立ってやって来ます。その好機をつかむことで幸運は引き寄せられるのです**」

いかがでしょう。どうやら好機をものにしてこそ、幸運はやって来るもののようです。

幸運を引き寄せるには

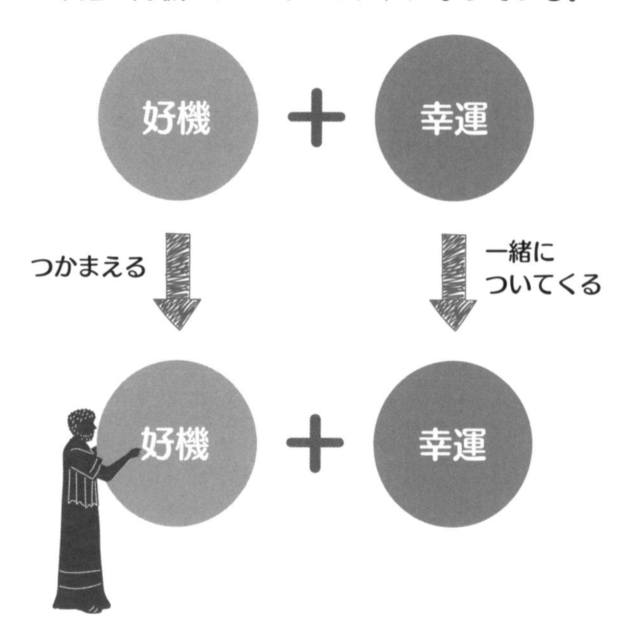

優柔不断や引き延ばしは幸運を逃しかねない。好機をものにしてこそ幸運は引き寄せられると考えよう。

バビロンの城壁

バビロンは都市の周囲が城壁で囲われていました。城壁はレンガを積み上げたもので、セミラミス女王によって初めて造られたといわれています。また「バビロンの空中庭園」（172ページのコラム）は、この女王が造園したという説もあります。

バビロンの城壁がその最大規模を誇ったのは、前7世紀末にナボポラッサルが建設を命じ、息子のネブカドネザル2世が完成させたものです。完成した城壁は四角形で一辺の距離は22・4km、高さは50mもあったといいます。50mといえばパリにある凱旋門とちょうど同じ高さになります。城壁の頂上は6頭立ての戦車が走れる幅を有していました。さらに都市に出入りする城門が100か所もありました。エピソード2の最後に出てくる家畜商はバビロンに戻る時刻が遅かったため、城門はすでに閉じられていたわけです。

このような強固な城壁を造ったのは外敵の侵入から都市を守るためです。バビロンはフルリ人やヒッタイト人、アラム人、それに極めて好戦的なアッシリア人の侵略に悩まされ続けました。城壁の攻略では、傾斜路を取り付けて、装甲車を先頭に敵兵が進んできました。また、敵兵が梯子を使って城壁をよじ登ってくることもありました。これに対して守備側は火をつけた油や矢、投石で敵を押し返したそうです。

Episode 3

5つの金貨の法則

アルカドの息子ノマジールの冒険

アルカドは息子ノマジールに、後継者にふさわしいか試練を課しました。ノマジールは旅に出て10年後に戻って来ました。彼は財産を相続する資格を得られたのでしょうか。

金貨か知恵か、
あなたはどちらを選ぶ？

Theme

10

富を手に入れ、守って太らせるには、知恵が必要だ

得たお金を守り増やすための力は、どうすれば手に入るのか？　人が知っておくべき「5つの金貨の法則」とは何か？

金貨を選ぶか、知恵を選ぶか

「金貨がいっぱい詰まった袋か、知恵の言葉が刻まれた粘土板か。お前さんならどちらを選ぶかね？」

バビロンの賢者から、こんな質問をされたら、皆さんはどう答えますか。金貨が詰まった袋を取りますか。それとも粘土板を取りますか。『バビロンの大富豪』の第5章では、このような問いかけから、お金が持つ特性に関する「5つの金貨の法則」が解き明かされます。エピソード3ではこの法則について明らかにしたいと思います。

物語はバビロンに向かう途中の隊商が、砂漠で野営している場面から始まります。たき火が赤々と燃えるその周囲に、バビロンの偉大な商人カラバブと隊商の運び屋27人が座っていました。このカラバブが先の質問「金貨と知恵の言葉の二者択一」を、27人の運び屋に投げかけたのです。男たちは一斉に答えました。

「金貨。金貨に決まっているじゃないですか」

老カラバブは苦笑いしました。

「よいか若者よ。金貨と知恵、いずれを取るかと聞かれたら、たいていは金貨を取るものだ。そして知恵になど目もくれず無駄遣いする。やがて金貨は1枚もなくなって嘆き悲しむ」

運び屋はカラバブの声に耳を澄ましていました。

「**そもそもお金には法則がある。その法則を熟知し、その法則に従う者に金貨はとどまるものじゃ。**今宵は長旅に付き合ってくれた礼として、ワシが大富豪ノマジールから聞いた、『5つの金貨の法則』を伝授しよう。お前たちもこれを守れば富める者になろう」

大金持ちの息子ノマジールに課された試練

カラバブが話し出したのは、彼が若かりし頃、ニネヴェの大富豪ノマジールから聞いた彼の体験談でした。ノマジールとはエピソード1・2に登場したアルカドの息子です。

当時のバビロンでは、子どもに財産を継がせることを習いとしていました。しかし、アルカドはそうせず、息子に財産を受け継ぐ資格があるかどうか試すことにしました。

アルカドがノマジールに課した試練とは、息子を旅に出し、それから10年後にバビロンに戻り、資産を賢く運用できる能力と人から敬われる魅力、この双方があることを親に証明するというものでした。この試練に通れば、アルカドの資産はノマジールへと引き継がれます。しかし通過しなければ、資産は神官たちに贈られることになります。

アルカドは旅立つ息子に2つの袋を与えました。一つには金貨、もう一つには「5つの金貨の法則」を刻んだ粘土板が入っていました。

金貨か知恵か、どちらを選ぶ？

- 使いたいときすぐに使える
- 使い切ったらなくなってしまう
- 無駄遣いをしてしまうことがある

or

- 上手に使えばお金を増やせる
- 使ってもなくなることはない
- 他の人にも自在に伝えられる

金貨か知恵か。一般的には金貨が選ばれそうだ。しかし、知恵がなければお金をうまく扱えないのでは？

なぜ富は私たちの手から
こぼれ落ちるのか?

Theme

11

甘い話に乗る者や一攫千金を狙う者から、お金は逃げていく

世の中には、貯めたお金を狙う罠や落とし穴があふれている。お金が逃げるのを防ぐための法則を熟知しておかなければならない。

金貨を使い果たしたノマジール

ノマジールは、奴隷を伴って父アルカドのいるバビロンを離れ、遠くニネヴェを目指しました。新興都市ニネヴェは栄えつつある街で、何か機会があるとノマジールは考えたのでした。ノマジールは隊商に加わり、働きながらニネヴェを目指しました。しかし隊商での経験はとても苦いものでした。

隊商で知り合った2人の男の誘いに乗って、ノマジールは金貨の半分を競馬につぎ込みます。しかし絶対勝てるはずだった勝負に負け、金貨を失ってしまいます。あとからわかった話ですが、勝負は2人の男と競馬の競争相手が仕組んだ詐欺だったのです。

さらに、ニネヴェに着いたノマジールは、同じく隊商で知り合った男の誘いに乗り、事業に投資して共同経営者になりました。しかし、男は約束を守らず、慣れない商売もうまくいきません。**とうとうノマジールは、父アルカドから与えられた金貨をすべて使い果たしてしまいました。**

もちろんそれでも生活はしなければなりません。ノマジールは、奴隷を売り、衣服を売ってしのぎました。しかし、やがて食べ物や寝る場所にも困る生活を余儀なくされます。

それでも、ノマジールの心は折れません。一人前になって父アルカドのもとに帰ろうと強く心に決めていたからです。そのようなときにノマジールは、父親から授かった「5つの金貨の法則」を刻んだ粘土板を思い出しました。

父から与えられた「5つの金貨の法則」

ノマジールは粘土板を熟読しました（図参照）。中でもノマジールにとって驚きだったのは、第4と第5の粘土板に書かれた金貨の法則です。

第4の粘土板には、「**自分がよく知らない事業や、賢人が認めない事業に投資する者から金貨は逃げていく**」とあります。これは仲間の誘いに乗って、慣れない商売の共同経営者になったノマジール自身のことを言い表しています。実際に、よく知らない事業に投資したせいで、父親から与えられた金貨の残り半分を失いました。

また、第5の粘土板には、「**詐欺師や策士の甘言に乗せられる者、現実離れした願望に投資する者から金貨は逃げていく**」とあります。こちらもやはりノマジール自身にあてはまります。というのも、詐欺師の罠とは知らず競馬で一攫千金を狙ったからです。これによりノマジールから半分の金貨が逃げていきました。

ノマジールは残りの粘土板も含めてもう一度熟読し、父アルカドから与えられたこの「5つの金貨の法則」を規範にして、今後の生活を建て直そうと考えます。

5つの金貨の法則

法則1　収入の10分の1を蓄えよ

金貨は、未来の自分と家族の財産を築くため、
少なくとも収入の10分の1を蓄える者なら誰にでも、
その量を増やしながら喜んでやって来る

法則2　金貨に働き所を与えよ

金貨は、適切な働き所を与えれば、
賢明な主人のために熱心かつ忠実に働き、
家畜の群れのように子孫を次々と増やしていく

法則3　賢者の助言に従え

金貨は、扱いに長けた賢者の助言に従って投資する
慎重な主人のもとを離れない

法則4　疑わしい事業には手を出すな

金貨は、自分がよく知らない事業や、
賢者が認めない事業に投資する者から逃げていく

法則5　金儲けの誘惑に負けるな

金貨は、法外な利益を追求する者、
詐欺師や策士の甘言に乗せられる者、
現実離れした願望に投資する者から逃げていく

粘土板には上記のように、1～3はお金を増やす法則が、4～5はお金が逃げていくのを防ぐ法則が書かれていた。

蓄えたお金を増やすには
どうすべきか？

Theme
12

賢者の助言に従って、蓄えたお金を投資に回せ

お金はただ貯めるのではなく、お金でお金を生み出していく必要がある。ただし、投資をする際には、必ず守るべき法則がある。

商人から持ちかけられた投資話

災難続きだったノマジールに転機が訪れます。ニネヴェで城壁の新築工事があり、ノマジールはここで人夫を管理する職を得たのです。ノマジールは粘土板にある第1の法則に従い、収入の10分の1を蓄え、残りの範囲で生活するようにしました。根気強く続けると、蓄えはわずかばかりですが着実に増えていきました。

そんなある日、奴隷の人夫を所有している商人で、少し前から親しくなった男がノマジールに言いました。

「キミはつましい若者だな。稼いだ金を見境なく使いはしない。金を貯めてるのかね？」

「はい、そうです。実は父から与えられた全財産をすってしまい、同額のお金を手にしたいと思っているのです」

「たいした心掛けだな。しかし、**金を寝かしているだけではもったいない。金が金を生み出すことは知っているだろう**」

ノマジールは苦笑いしながら答えました。

「知っています。でも、投資で全財産をすったので、同じようになるのが怖いんです」

商人は「私を信用してくれるなら」と言って、ノマジールにこんな話をしました。城壁が完成すれば城門が必要になります。しかし、ニネヴェには門を作る銅や錫はありません。そこで、遠方にある鉱山に隊商を派遣して、これらの資財を調達しておき、いざ必要になったときに王に買い取ってもらう、という計画でした。奴隷商人はこの計画にノマジールも参加しないかと誘ったのです。

「5つの金貨の法則」に従い、蓄えを託す

ノマジールは、商人の話を聞きながら、第2および第3の法則を思い起こしました。そこには、**「蓄えた金は投資に回せ」「投資は賢明な者の助言に従え」**とありました。

ノマジールは自分の蓄えをこの知恵のある商人に託すことにしました。そして、今度こそ期待は裏切られず、ノマジールの蓄えは大層な額に増えるのでした。

やがてノマジールは、商人が所属する出資団の仲間に加わります。出資団では候補になる投資計画を入念に検討し、元手を失う危険のある事業には手を出しませんでした。粘土板にあった第4および第5の法則を、この出資団は忠実に守っていたのです。

こうして「5つの金貨の法則」に従ったノマジールの資産は、年を追うごとに増加しました。その間ノマジールは、「5つの金貨の法則」の効果が偽りでないか何度も試しました。しかし、そのたびごとに、この知恵の正しさが立証されました。

賢者の助言に従え
鉱山に隊商を派遣するのだが、一口乗らないかね？
昔、失敗したからな…
でも、あなたを信頼して、一口乗ります！
うむ。任せてくれたまえ！
投資
助言
蓄えたお金は遊ばせておかず投資に回すのが王道だ。ただし、経験豊富な人の助言に従うことを忘れずに。

金持ちは
尊敬されないのか?

Theme

13

「5つの金貨の法則」に従えば、尊敬される富裕者になれる

いつまでも「持たない者」で終わるのか、それとも富と幸福を手にするのか。それを決めるのは自分自身である。

帰郷したノマジールの成長ぶり

10年後、ノマジールはバビロニアにいる父アルカドのもとに戻ってきました。そして両親や親族、友人がいる前で、10年の間にあった出来事を語りました。

もちろんその中には、競馬で大損した話、共同経営に失敗した話、すべての金貨を失い奴隷や衣服を売り払った話、父アルカドから授かった法則に従って富を築けた話が含まれていました。

話が終わるとノマジールは、奴隷に金貨の入った袋を1袋持ってこさせて父アルカドに返しました。これは、ノマジールがバビロニアを後にする際、父親から与えられた金貨1袋に相当するものです。

さらにノマジールは、金貨の入った袋をもう2袋持ってこさせて父親に返しました。これは、父親から与えられた粘土板に相当するものです。ノマジールは2袋にすることで金貨1袋よりも、父アルカドから授かった知恵の価値のほうが大きいことを示したのでした。ノマジールはアルカドに言いました。

「もちろん父上の知恵をお金に換算できないことは百も承知しています。ただ、**知恵がなければ、富は急速に減っていきます。知恵があれば、何も持たない者でも富を吸い寄せる**

ことができます。そのことをこの3つの袋が証明しています」

アルカドは立派に成長した息子の姿に大いに喜びました。もちろんアルカドが息子ノマジールを後継者として認め、財産を相続させたことは言うまでもありません。

次に富を築くのは誰だ

以上が、カラバブが隊商の運び屋27人に語った話でした。その上でカラバブは、27人の男たちに言いました。

「明日バビロンの街に到着したら、お前たちは報酬として金貨を手にするだろう。今宵から10年後、お前たちはその金貨について何を語れるだろう。**その金貨の一部で資産を作り始め、『5つの金貨の法則』に従う者は、10年後、アルカドの息子のように富を手に入れ、人々から尊敬されよう**」

10年後、この27人の中から富と幸福を手にする者が出てくるはずです。いえ、この隊商の運び屋27人とは、現代の私たちなのかもしれません。今から10年後、ノマジールのように富を手にし、人々から尊敬されるのか。それともたくさん稼ぎ、たくさん使って、手元にほとんど何も残っていないのか。私たちがいずれになるかは、「5つの金貨の法則」に従うか従わないかにかかっているのだと思います。

知恵は金貨よりも大切

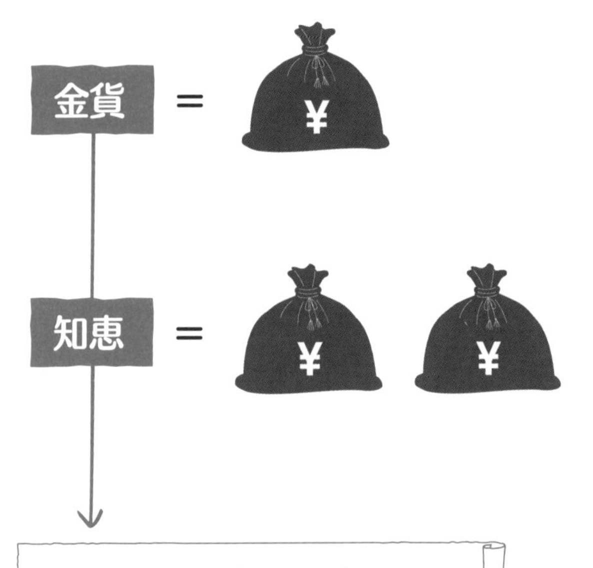

知恵のほうが価値が大きい！

こうしてノマジールの体験は、カラバブから隊商の運び屋27人、そして現代人へと伝わったわけだ。

バビロニア時代の身分制度

バビロニア時代の身分制度は「自由民」と「奴隷」の2階層からなっていました。自由民とは、社会の規則を守っていれば文字どおり束縛のない人生を送れる階層です。これに対して奴隷は自由の制限を受ける階層です。本話のノマジールも奴隷を従えていました。

奴隷の多くは戦争捕虜たちでした。また、犯罪や経済的な問題で奴隷となってしまった者もいます。のちのエピソード5に登場するダバジールは、自ら犯した罪により奴隷になっており、その一例といえます。また、借金の保証に自分自身や妻子を差し出すことも日常的に行われていたようです。債務が不履行になると奴隷として売り飛ばされるわけです。

しかしながら、バビロンで暮らす奴隷は、現代のイメージとは大きなズレがあったようです。まず、奴隷であっても財産を所有できました。のちのエピソード7に登場する奴隷のシャル・ナダは、蜂蜜ケーキを売り歩いて蓄財しています。これは当時としては別段奇妙なことでもありません。また、奴隷が自由民と結婚したり、共同経営者になったりするケースもありました。同じくエピソード7に登場するアラド・グラは、奴隷でありながら主人の姪を妻にし、主人と事業を共同経営していたという設定になっています。これらも当時としては特に不思議な状況ではなかったのです。

Episode

4

お金を貸すときの心得

金貸しメイソンの流儀

槍職人ロダンは、愛する妹から大金を貸してくれと乞われ弱ってしまいました。金貸しメイソンに相談したところ、彼はお金を貸すときの心得をロダンに説くのでした。

お金の貸し借りの本質とは何か?

Theme

14

貸し借りには我々が思う以上の意味がある

お金を安易に貸し借りしてよいのか。貸し借りするときは何に注意したらよいのか。金貸しメイソンが教えてくれるお金の教訓とは?

お金を貸すことのリスク

大金を手にしたために困り果ててしまう。こんなことってあるのでしょうか。ところがそんなことが実際にありました。今から話すバビロンの槍(やり)職人ロダンの場合がそうです。

ロダンは、新しく制作した近衛兵用の槍の図案が気に入られ、王様からなんと50枚もの金貨を授かりました。ロダンは有頂天です。ところがその喜びも長続きはしませんでした。愛する妹から、50枚の金貨を全額貸してほしいと乞われたからです。妹はそのお金で夫アラマンに商人として成功してもらいたいと考えたのです。成功したら十分な利子をつけて返済すると、妹はロダンに哀願します。

途方に暮れたロダンは、妹にあいまいな返事をし、うかぬ顔で街に出ました。向かった先は絨緞(じゅうたん)商で金貸しでもあるメイソンの店です。ロダンはメイソンに事情を話し、妹の夫に金貨50枚を貸すべきか相談しました。

話を聞いたメイソンはこう忠告しました。

「いいかいロダン。**貸し借りにはお金が人から人に移動する以上の意味があるのだ。まず、そのことをキミに知ってほしいと思う**」

メイソンはその意味を説明するため、動物の言葉がわかる農夫の昔話を語り出しました。

「動物の言葉がわかる農夫」の話

動物の言葉がわかるこの農夫は、夜になると農場をぶらついて聞き耳を立てていました。ある晩、牡牛がロバにこぼす声が聞こえました。

「オレは朝から晩まで鋤を引いてへとへとだ。それにひきかえ、キミはいいな。ときたまご主人を乗せて運ぶくらいじゃないか」

ロバは仲のよい牡牛に同情し、「では、こうしな。明日奴隷が鋤をはめにきたら、地面に転がって大声で泣くんだ。奴隷はキミが病気とご主人に報告するだろう」と言いました。

農夫は話の一部始終を聞きました。翌日、奴隷がやって来て、牡牛が病気だと告げます。主人は「ならばロバに鋤をつけなさい。畑は遊ばせておけないからな」と奴隷に言いました。こうして鋤につながれたロバは、その日一日中、へとへとになるまで働かされました。

夜になると、農夫は再び2頭の会話に耳を傾けました。

「キミのおかげで、今日は一日ゆっくり休めたよ」

「とんでもない。こっちはとんだ災難だ。いいかい。明日も病気なら、ご主人はキミを肉屋に引き渡すと言ってたぞ。嫌なら仮病を使わず、まじめに働くことだな」

以来、2頭の友情は崩れ去り、一言も口をきかなくなったとのことです。

動物の言葉がわかる農夫
牡牛が病気のようです！
では、ロバに働いてもらおう
だったら、仮病を使いなよ
毎日、もうへとへとだよ
ヒエー
シヌー
今日は一日助かったよ
何を言う!? もうキミの身代わりなんてゴメンだよ
ロバが牡牛に入れ知恵をしたところ、ロバが牡牛の身代わりになるはめに。ここから得られる教訓を次ページから考えよう。

「農夫の話」から
何が学べるのか？

Theme
15

友人を助けるとは、身代わりになることではない

お金を貸し借りすることでお互いに不幸になることもあれば、逆に幸福になれることもある。貸し手には、常に賢明な判断が求められる。

相手の負担が自分の肩にかからないようにする

「どうだいロダン。面白い話だろう。この話からどんな教訓が得られると思うかね」

メイソンに問われたロダンは困り顔です。

「確かに面白い話でした、メイソンさん。でも、教訓と言われても、ボクにはよくわかりません」

「なるほど。ま、そう言うと思ったよ。**でも、この話には単純明快な教訓がある。それは、友人を助けたいと思ったら、相手の負担が自分の肩にかからないようにしなければならない、ということさ**」

メイソンが言うのはこういうことです。ロバは友人である牡牛のことを思って仮病を使うようアドバイスをしました。ところがそのために、ロバ自身が一日中鋤を引くはめになりました。つまり牡牛の負担をロバが背負うことになったわけです。その結果、せっかくの友情にヒビが入り、2頭は口をきかなくなってしまいました。

メイソンがこの昔話を引き合いに出したのは、同様のことがお金の貸し借りにも成立するからです。前節でメイソンが言ったように、お金の貸し借りとは、ある者の手から別の者の手にお金が移動する以上の意味が含まれています。

例えば、あなたが慎重な判断なしに、お金を賢く扱えない友人に大金を貸したとしましょう。きっと借りた友人はお金を浪費するだけで、返すことができなくなるでしょう。その結果、友人には大きな負債が残り、あなたの資産は消え失せます。

これでは、あなたが友人の負担を一時的に肩代わりしたに過ぎません。しかも双方の状況は、貸す前よりも貸した後のほうが悪くなっています。

そうなると、良好だった2人の仲に突如溝ができるのも当然です。まさに、昔話にあったロバと牡牛の状況と同じです。

お金の貸し借りに隠れた人生の知恵

では、実りあるお金の貸し方とはどのようなものでしょうか。仮にお金を貸すとしたら、自分のお金が有意義に使われ、もう一度自分の手元に戻ってくることを目指すべきです。そうすれば貸し手と借り手、双方ともハッピーになれます。

以上からわかるのは、**貸し手は借り手以上に賢明にならなければいけないということです。**借り手の返済能力も考えず、安易にお金を貸すと、自分ばかりか相手も不幸にします。このようにお金の貸し借りには、人生の幸不幸を左右する意味合いが含まれています。単にお金が物理的に移動するだけではないのです。

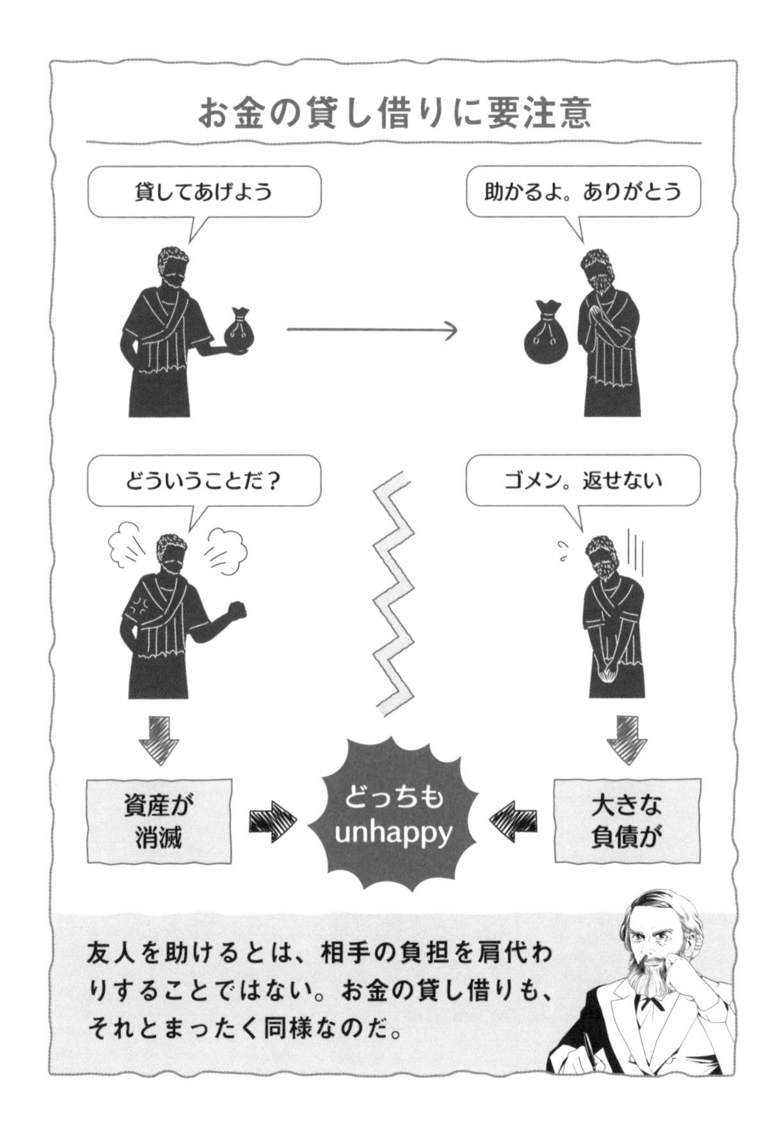
お金の貸し借りに要注意
貸してあげよう
助かるよ。ありがとう
どういうことだ？
ゴメン。返せない
資産が消滅
どっちもunhappy
大きな負債が
友人を助けるとは、相手の負担を肩代わりすることではない。お金の貸し借りも、それとまったく同様なのだ。

プロが守る
貸し手のルールとは何か?

Theme

16

貸したお金よりも価値ある資産を担保に取れ

お金を貸すにあたっては、貸し手が借り手をよく見極めなければならない。そこではクリアすべき3つのポイントがある。

貸した金以上の担保を取っておく

金貸しメイソンの話はさらに続きます。メイソンは腕の長さほどの箱をロダンの前に置くと、「これは担保を入れておく保管箱だよ」と言いました。

メイソンは、お金を貸す際、それに見合った担保を取ることにしていました。担保は貸付金がすべて戻ると、借り手に返却されます。

しかし保管箱には、返却されないままの担保もありました。それはメイソンの信頼を裏切って、貸付金を返さなかったことを意味しています。

メイソンは、この保管箱が教えてくれる、金貸しにとって安全な借り手についての説明を始めました。

「よいかロダンよ、金貸しにとって最も安全な借り手とは、貸付額よりも価値の高い財産を持っている者なのだ。**貸した金以上の担保を取っていれば、仮に貸付金が戻ってこなくても安心だろう**」

メイソンの話は続きます。次に安全なのは金を稼ぐ能力のある借り手です。本人に誠意があり、不運に見舞われなかったら、貸付金は利子付きで戻ってくるでしょう。

メイソンは保管箱の中から牡牛の骨を彫った指輪を取り出しました。この指輪の持ち主は、メイソンが絨緞を仕入れている農夫のものです。農夫は遠い異国にいる、非常に長くて軟らかい毛を持つ山羊を手に入れて、バビロンにはない最高級の絨緞を織ろうと考えました。しかし、購入資金が足りないため、メイソンが資金を融通したのでした。

「その山羊はすでに農夫の農場にいる。来年には極上の絨緞が出来上がるだろう。すぐに買い手がつくだろうから、その折りにはこの指輪を返さなければならない。借金を早く返済したいと農夫が言うものでね」

しかし、すべての借り手がこうだというわけではありません。めぼしい財産もなく、定期的な収入のない者もいます。その場合、**どんな小さな額を貸す場合でも、借り手の誠実さをよく知っている友人から保証を取るのだ**、とメイソンは説明しました。

借り手を見極める3つのポイント

このように貸し手が賢明になるには、借り手をよく見極める必要があります。

彼は貸し付け額よりも価値ある物を所有しているのでしょうか。担保に相当する稼ぐ能力や人間性を持っているのでしょうか。いずれも持ち合わせがない場合、彼の保証人になってくれる人物はいるのでしょうか。

お金を貸す場合、以上の点をよくよく考えることが重要になります。

借り手を見極める３つのポイント

Point 1
貸し付け額より価値ある物を持っている?

借り手

Point 2
担保に相当する稼ぐ能力や人間性を持っている?

Point 3
保証人になってくれる人物はいる?

メイソンはプロの金貸しだ。その道の経験者の助言は素直に受け入れるべきではないだろうか。

貸し手が守るべき
モットーとは何か?

Theme
17

そのお金は本当に戻ってくるのか、よくよく考えよ

大金と上手に付き合える人は、小さなお金と付き合うのがうまい。そして、失敗をしないための細心の注意を払っているのだ。

メイソンが与えた実践的なアドバイス

ロダンはメイソンの話に静かに耳を傾けていました。しかし、途中でたまりかねたロダンは、どうしても聞きたいことを尋ねました。

「面白い話をいろいろありがとう。でも、まだ肝心の質問には答えてもらっていません。ボクは金貨50枚を妹の夫アラマンに貸すべきなのでしょうか。それとも貸すべきではないのでしょうか」

この問いに対するメイソンの助言は次のようなものでした。

まずメイソンはロダンに対して、槍職人を始めてからの年数と蓄えたお金の額を聞きました。答えは「3年で金貨3枚」でした。つまり、50枚の金貨は、ロダンにとって50年間、つまり一生働いた蓄えと等しくなります。

「50枚の金貨を50年かけて蓄えたと考えてごらん。いくら妹でも、そんなお金を全額貸してほしいとは言えないだろう」

「た、確かにそうですよね」

「いいかい、ロダン。アラマンに事業計画書を作らせなさい。それを友人のメイソンに見せ、彼が納得したら資金を融通しよう、とアラマンに言いなさい。ただしロダン、融資する額は、キミが1年間働いて蓄えられる金貨1枚だけにしなさい」

成功できる見込みのある事業ならば、アラマンはそれを立証し、金貨1枚に利子を付けて返済するでしょう。また、よしんば失敗しても、アラマンは返済能力を超える借金をしないで済みます。これだと、ロダンはアラマンの負担を全部背負う必要もなく、またアラマンも借金で首が回らなくなるリスクもありません。

小さな不注意が、大きな後悔を招く

ロダンが礼を言って帰りかけたとき、メイソンはさらに付け加えました。

「大金を持っていると、多くの人がキミを誘惑するだろう。儲け話の誘いがあちこちから舞い込んでくるだろう。しかし、**1枚の金貨を財布から取り出す前に、それが安全にキミの財布に戻ってくる道があるのかをよく考えなさい**」

そしてメイソンは、担保の保管箱に刻んである言葉を読み上げました。

「小さな不注意が、大きな後悔を招く」

まずは小さなお金とうまく付き合うこと。これなくして、いきなり大きなお金と付き合うのは難しいのかもしれません。だからロダンのように、大金を手にして困り果てるケースも生じるわけです。

金貸しメイソンの助言

1	事業計画書を作らせる
2	メイソンに見せ、納得したら貸す
3	ただし貸すのは金貨1枚まで

仮に返済が滞っても、
貸し手・借り手双方の
ダメージは軽微

「元手さえあれば大儲けできる」と勘違いしてはいけない。これはしかるべき能力を持たない人が考えることだ。

バビロンの灌漑施設

メソポタミアは非常に降水量の少ない地域です。北部のアッシリアは少しだけ雨に恵まれていますが、南部のバビロニアになると降水量は極端に少なくなります。自然の降水のみに頼る乾地農業（ドライ・ファーミング）は、西アジアの場合、年間降水量が200mm以上必要です。しかしバビロニアの年間降水量は150mm程度で夏期はまったく雨が降りません。このような気象条件では乾地農業は不可能です。

ところが、バビロンでは農業が大いに栄えました。ユーフラテス川の水を利用した灌漑技術によって農地に豊富な水を供給できたからです。しかも、ユーフラテス川が運んだ粘土質の土は肥沃だったのです。加えて、人工灌漑により乾地農業よりも生産力が強化されたばかりか、安定した生産も実現できました。ただし、灌漑による農地の塩化が大きな問題で、排水も重要な課題でした。パンやビールの材料となる大麦が栽培されたのも、小麦やエンマー小麦に比べて塩害に強いからです。こうしてバビロンでは、灌漑による安定した水の供給と、排水による塩化の抑制が実践され、農業が大いに振るったのです。

エピソード２では、灌漑事業の投資話に乗らず幸運を見逃した男の話が出てきました。その背景には、バビロンの気象条件と地理的条件が関連していたのです。

Episode 5

負債といかに戦うか

ラクダ商人ダバジールの試練

借金から逃げ出したダバジールは奴隷にまで落ちぶれました。しかし、ある決意によりひとかどのラクダ商になります。ダバジールの決意とは、何だったのでしょうか。

どのようにして人は
借金地獄に陥るのか?

Theme
18

稼ぎより多い浪費が、人を泥沼におとしいれる

生活から贅沢を遠ざけ、浪費の誘惑を断ち切る。人生を狂わせたくなかったら、その基本を忘れてはならない。

奴隷からラクダ商人になったダバジール

タルカドはラクダ商人ダバジールの前で小さくなっていました。タルカドの父親はダバジールの古い友人でした。その関係もあってダバジールは、金に困っていたタルカドに金を貸してやりました。その額は銀貨1枚と銅貨2枚でした。

しかし、期限までに返せずにいたタルカドは、市場で偶然にもダバジールと遭遇してしまったのです。ダバジールはタルカドを食堂に誘い、自分は山羊のもも肉、タルカドには水だけ注文して、昔語りを始めました。エピソード5では以下『バビロンの大富豪』の第8章「バビロンのラクダ商人」にある物語を紹介しましょう。

ダバジールが話し始めたのは、かつてシリアの奴隷だった自分が、いかにしてラクダ商人になったかについてでした。

そもそもダバジールは鞍職人の息子で、彼も父親の工房で働いていました。妻を娶ったダバジールは、彼女によい暮らしをさせてやるため、贅沢な品が欲しくてたまりません。ダバジールを信用する商人は、現金がなくても後払いで商品を買えるようにしてやりました。こうしてダバジールは贅沢品を次々と買うようになりました。

「タルカドよ。**稼ぐよりも使うほうが多い人間が、いったいどうなると思うかね。浪費に**

歯止めがきかなくなり、必ずや面倒事に巻き込まれるのだよ」

彼は欲望のおもむくまま際限なく買い続けました。当然のことながら、やがて商店への借金返済ができなくなり、友人から金を借りるようになりました。この返済もできなくなり、とうとう妻は実家に帰ってしまいます。ダバジールは別の土地で一旗上げようと、借金を放り出してバビロンから逃げ出してしまいました。

稼ぎより多い出費で奴隷に身を崩す

それから2年間、ダバジールは隊商で働きました。しかし鳴かず飛ばずで生活は不安定。折しもその頃知り合ったのが、砂漠を流浪して隊商を襲う強盗団でした。当時のダバジールは善悪の判断もできなくなっており、強盗団に加わり悪事を働くようになります。強盗団での最初の遠征は見事に成功しました。黄金や絹、貴重な品が手に入りました。これをギニルという街で売り払いお金を手にしました。

しかしこのような悪事が長続きするとは思えません。2度目の遠征で失敗し、ダバジールは囚われの身になりました。そして、砂漠に住むシリア人の族長に奴隷として売り飛ばされてしまったのでした。

稼ぎより多い出費が、最終的にダバジールを泥沼におとしいれたのです。

奴隷になったダバジール
何でも買ってしまえ
後払いだから安心だ
返せー
お金が
返せなくなった。
こいつは
逃げるしかない
1
2
3
4
強盗団で一攫千金。
人生って
チョロイものだ
強盗失敗。奴隷に
なってしまった
自業自得
だな
奴隷に落ちぶれたのも、元をただせば、
稼ぐよりも使うほうが多い暮らしを送っ
ていたからである。

ダバジールが奴隷になった
本当の理由とは何か?

Theme
19

心が卑しければ、人は自由の民であっても奴隷になり下がる

自由にお金を使いこなすか、一生お金に支配されて生きるのか? どちらを選ぶのかは自分の心に委ねられている。

奴隷になったダバジールの苦悩

奴隷になったダバジールは、族長の4人の妻のうち最も年長だったシーラのラクダ係になります。ある日、ダバジールはシーラに、かつて自分はバビロンの自由民だったこと、父親は鞍職人でその工房で働いていたこと、大きな借金を背負ったこと、借金から逃げてやがて奴隷になったことを話しました。

これに対するシーラの言葉は、ダバジールにとって冷酷であり、同時に深く心に刻まれるものでした。

「奴隷になったのは、お前の心が弱かったからじゃない。それなのに自分のことを自由民なんて呼べるかしら。**生まれがどうあれ奴隷の心を持つ者は、ちょうど水が低い所へと流れるように、奴隷になるものよ。自由民の心を持つ者ならば、どんな不幸があろうとも、自分の街で尊敬と名誉を勝ち取るんじゃない？**」

それから1年、ダバジールは、自分が自由民の心を持つ人間なのか、それとも奴隷の心を持つ人間なのか、思い悩みます。そしてある日、シーラに対して、自分はいずれの心を持つ人間なのかを尋ねてみました。シーラは答えました。

「お前はバビロンで負った債務を返済したいと思っているの？」

「はい、思っています。でも、その方法がわかりません」

「返済の努力もせず、何年ものうのうと暮らしているのであれば、お前は奴隷の心を持つ人間です。**債務を返済しない者は自分を敬えません。自分を敬えない人間がどうして自由民の心を持てるでしょう**」

ダバジールは悩みました。債務を返済したいとは考えているものの、シリア人の奴隷の身ではそれもままなりません。

自由民の心を取り戻す旅

それから数日後、シーラは彼女の実母を見舞うため、ラクダに乗って出かけることになりました。もちろん供はダバジールです。夕刻、実家に到着したシーラはダバジールに言いました。

「お前にチャンスを上げましょう。**もしお前が自由民の心を持っているのならば、ラクダを連れて逃げなさい。**そしてバビロンに戻って借金を返済しなさい。旦那様には、お前がラクダと食糧を奪って逃げたと告げましょう」

ダバジールはシーラに厚く礼を述べると、闇夜の中、2頭のラクダを連れて、バビロンに向けて駆け出しました。それはダバジールが自由民の心を取り戻すための旅でした。

ダバシールの悩み

どんなことがあっても
借金を返済する。

自由民の心を持つ人間

借金から逃げ回って
返済の努力はしない。

奴隷の心を持つ人間

自由民の心を持つ人間、
それとも奴隷の心を持つ人間。
オレはどっちなんだろう？

人は心の持ちようによって、自由民にもなれるし奴隷にもなれる。それを決めるのは実は自分自身なのだ。

ダバジールの敵とは
何だったのか?

Theme
20

債務という敵に
打ち克って、
友に報いよ

負債を乗り越えた先に本当の自由な人間としての暮らしが待っている。自由を取り戻すための戦いを放棄してはならない。

奴隷として死ぬか、自由民として生きるか

ダバジールは砂漠の道を来る日も来る日も旅し続けました。9日が経つと水も食糧も尽き、灼熱の太陽の下、ダバジールはラクダから滑り落ちて立てなくなりました。そのまま眠り込んだダバジールは、朝の冷気で目覚めました。

「このまま死んでしまうのだろうか」

そのとき、あの問いがもう一度ダバジールの頭に浮かびました。

「オレは自由民の心を持つ人間なのか、それとも奴隷の心を持つ人間なのか」

ダバジールは考えました。もし奴隷の心を持つ人間ならば、ここで諦めて、砂漠で死ぬことになるでしょう。それはラクダを盗んで逃げ出した奴隷にふさわしい死だといえます。

しかし、自由民の心を持っている人間だとしたらどうでしょう。何が何でもバビロンに戻り、自分を信用してくれた人に借金を返済し、妻を幸せにし、両親に平穏で安らぎある暮らしを届けるに違いありません。

「**借金はオレをバビロンから追い出した敵なのだ**」

すると不思議なことが起こりました。ダバジールの目の前から、世の中を覆っていたもやが突然消え失せ、すべての景色が鮮明に見えるようになったのです。

バビロンに帰り借金を返済

「砂漠で野垂れ死になど、とんでもない」

ダバジールの頭には、どうしても成し遂げなければならないことが浮かびました。まず、何が何でもバビロンに戻り、お金を貸してくれた全員を訪ねます。その上で、できる限り早く借金返済を約束することです。次に、住まいを整えて妻を迎え入れることです。さらに、両親が誇りとする素晴らしいバビロン市民になることです。

「負債は私の敵なのだ。友人は私を信じてお金を貸してくれた。それなのに債務を果たさず逃げ出すとは。**債務という敵に打ち克って、友人に報いなければならない。それが自由民としての私の務めだ。**空腹も、喉の渇きも関係ない」

ダバジールが立ち上がりました。その気力に反応したのか、ラクダたちの目にも輝きが戻りました。そして一行は再びバビロンを目指して歩き始めました。

ダバジールと2頭のラクダは力を振り絞って北へ北へと進みました。すると水源に行き当たり、やがて辺りは肥沃な土地となり、そこにはバビロンへの道が続いていました。

ダバジールは自由民の心を取り戻し、借金を返済するために、バビロンへと戻ってきました。ラクダ商ダバジールは、ここをスタートに始まるのでした。

ダバジールの決意
1
水もない、食糧もない。もうここで野垂れ死にするかもしれない
2
このまま死ねば、奴隷の心を持つ人間にふさわしい死に方だ
3
でも自由民の心を持つ人間なら、諦めはしないだろう
4
こんなところで野垂れ死にしてたまるか。バビロンに帰るぞ！
＼うん！／
砂漠の真っ只中で決意は固まった。自由民の心を持つ人間ならば、困難を乗り越えてバビロンに戻るしかない。

ダバジールの生き様は我々に
何を伝えるのか？

Theme
21

人生は解決すべき問題の連続と心得よ

困難を前に屈することで人は奴隷になる。困難に立ち向かい、乗り越えることに、人として生きる意味があるのだ。

改心し、借金返済を決意するタルカド

ここまで話をしたダバジールは、タルカドに向かって言いました。

「自由民の心を持つ者は、人生を解決すべき問題の連続ととらえ、その問題を次々と解決していかなければならない。ちょうど私がバビロンを目指していた砂漠で次々と難問にぶつかったように。かたや奴隷の心を持つ者は、『奴隷の分際でいったい何ができようか』と泣き言ばかりを言うものだ」

タルカドはうつむき、目は潤んでいました。

「なあ、タルカドよ。背負ってしまった借金を、どんなに多額であろうと返済して、もう一度バビロンで敬われる男になりたいと思わないか」

タルカドは膝立ちになり身を乗り出すと言いました。

「あなたは私に今後の指針を与えてくださいました。いま私の中は自由民の心で満ちあふれています」

「よく言った。決意あるところに、道は開ける」

ダバジールはニヤリと微笑むと大声で言いました。

「おやじ、腹を空かせた私の友人に、熱々の羊肉をふるまってやってくれ」

ダバジールの態度と実存主義哲学

以上が、ダバジールとタルカドの間で交わされたやりとりです。この物語を読んで思い出さずにいられないのは、精神科医ヴィクトール・フランクルの存在です。

ユダヤ人だったフランクルは、第二次世界大戦中、ナチスドイツに捕らわれ強制収容所送りになります。過酷な労働で多くの仲間が死んでいく中、フランクルは強い信念のもと生き延びます。その信念とは、**「たとえ囚われの身であっても、精神の自由まで奪うことはできない」**というものでした。

囚われの身であることは動かしがたい事実です。しかし、自分の精神が敵に屈するかどうかは自分次第です。敵に屈し、「奴隷の身で何ができるのか」と泣き言を繰り返すこともできます。これに対して「誰であろうと精神の自由までは奪えない」と、現状を耐え抜くこともできます。

ダバジールがとったのも、フランクルがとったのと同じ態度でした。**この態度は、人がいかなる存在になるのかは自分自身の責任だと考える、実存主義哲学の立場とも通底します。**このように『バビロンの大富豪』には、単に金儲け方法の伝授を越えた哲学が、その背景にあることがわかると思います。

実存主義哲学の精神

人生は解決すべき
問題の連続なのだ！

たとえ囚われの
身であっても、
精神の自由まで
奪うことはできない

ダバジール

ヴィクトール・フランクル
(1905~1997)

実存主義哲学の精神が息づいている

自由民であることは自ら選択できる権利があることを意味する。その選択に責任を持つ。これが実存主義の態度だ。

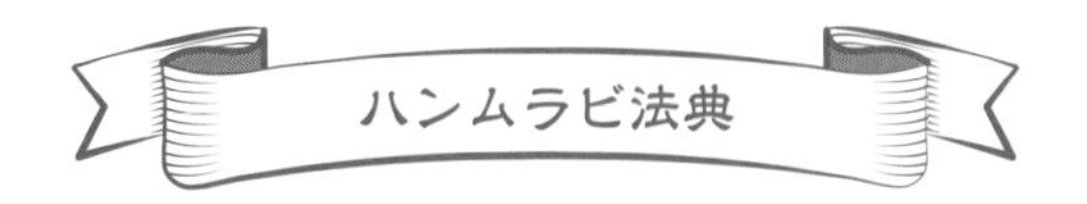

ハンムラビ法典

前18世紀前半、バビロニア第一王朝6代目の王ハンムラビは、メソポタミアをほぼ統一する巨大王国を樹立しました。このハンムラビ王は、古代の法典「ハンムラビ法典」を発布したことであまりにも有名です。

法典は高さ2.25mの玄武岩に刻まれています。石碑の最上部には太陽神シャマシュからハンムラビが王権を授かる様子、その下には前文と２８２の条文、後文が記されています。ハンムラビ法典は、正義と公正を強調している点がその特徴になっていますが、やはり広く知られているのは「目には目を、歯には歯を」という同害復讐の精神でしょう。条文では次のようにあります。

「196条　自由人の目をつぶしたものはその目をつぶされる」

「200条　同格の人の歯をたたき落としたものは、歯をたたき落とされる」

まさに「目には目を、歯には歯を」というわけです。ただし、当時の身分制により、同じ罪でも奴隷のほうが厳しい罰を受けました。例えば、奴隷が自由民の頬をなぐったら、耳を切り落とされなければなりませんでした（205条）。エピソード５では奴隷ダバジールが主人のラクダを奪いました。仮に捕らえられたら相当に厳しい罰が与えられたはずです。

Episode 6

失敗のない借金返済法

考古学者シュルーズベリの悩み

ラクダ商ダバジールは借金返済の過程を粘土板に記していました。この粘土板を解読した考古学者シュルーズベリは、ダバジールが実践した借金返済方法を現代に応用します。

ダバジールはどうやって
借金を返済したのか?

Theme
22

収入の10分の7で暮らし、それを超える出費は慎め

人生を支えるのは「具体的な計画」であり、「具体的な計画」は3つの目標からなっている。3つの目標とはいったい何か?

ダバジールが遺した粘土板の教えとは

前話では奴隷にまでおちぶれたダバジールが、改心して借金を返済する話をしました。ここで興味を引くのは、いったい彼がどうやって膨大な借金返済に成功したかです。

実はダバジールは、自身の借金返済の過程を粘土板に克明に記録していました。そして驚くことに、この粘土板が数千年経った現代において発掘され、考古学者アルフレッド・H・シュルーズベリによって解読されたのです（もちろん『バビロンの大富豪』上のフィクションなのですが）。

発掘された粘土板は全部で5枚でした。ダバジールは最初の粘土板に「**友人である金貸しメイソンの賢明なる助言に従い、わたしはある具体的な計画を実行しようと決意した**」と述べています。

金貸しメイソンとは、エピソード4に登場した、槍職人ロダンに助言を与えた人物です。ダバジールはメイソンからもお金を借りていたのです。メイソンは、改心したダバジールにラクダ商人を紹介して仕事を与えます。さらにダバジールに対して、借金を完済するための秘伝を伝授しました。ダバジールが粘土板に記す「具体的な計画」とは、メイソンが伝授した秘伝だったのです。

ダバジールが記した借金の返済方法

この「具体的な計画」は3つの目標からなる、とダバジールは書いています。

第一の目標は、将来自分自身が富み栄えることです。財布の中が空の者は、家族への慈しみがなく、王への忠誠心もありません。これを避けるために、収入の10分の1を自分のものとして手元に取り置くことにします。

第二の目標は、妻に何不自由なく暮らしてもらうことです。妻の面倒を誠実に見ると、自尊心が植え付けられ、目標へ突き進む力が増します。そのために収入の10分の7で必需品と衣服と食糧をあがないます。ただし、「**10分の7を超える出費は厳に慎むこと。本計画の成功の鍵はここにある**」と、ダバジールは粘土板に記しています。

第三の目標は、借金の返済です。月が満ちるごとに、収入の10分の2を公平に分割して債権者に返済します。こうすれば、借金はいずれ完済されるでしょう。

以上が、ダバジールの立てた計画です。借金総額は銀貨119枚と銅貨141枚にものぼりました。粘土板の記述によると、その後ダバジールは債権者の一人ひとりを訪ね、返済計画について説明し、辛抱強く待ってもらえれば、いつかは全額返済できることを強調したのでした。

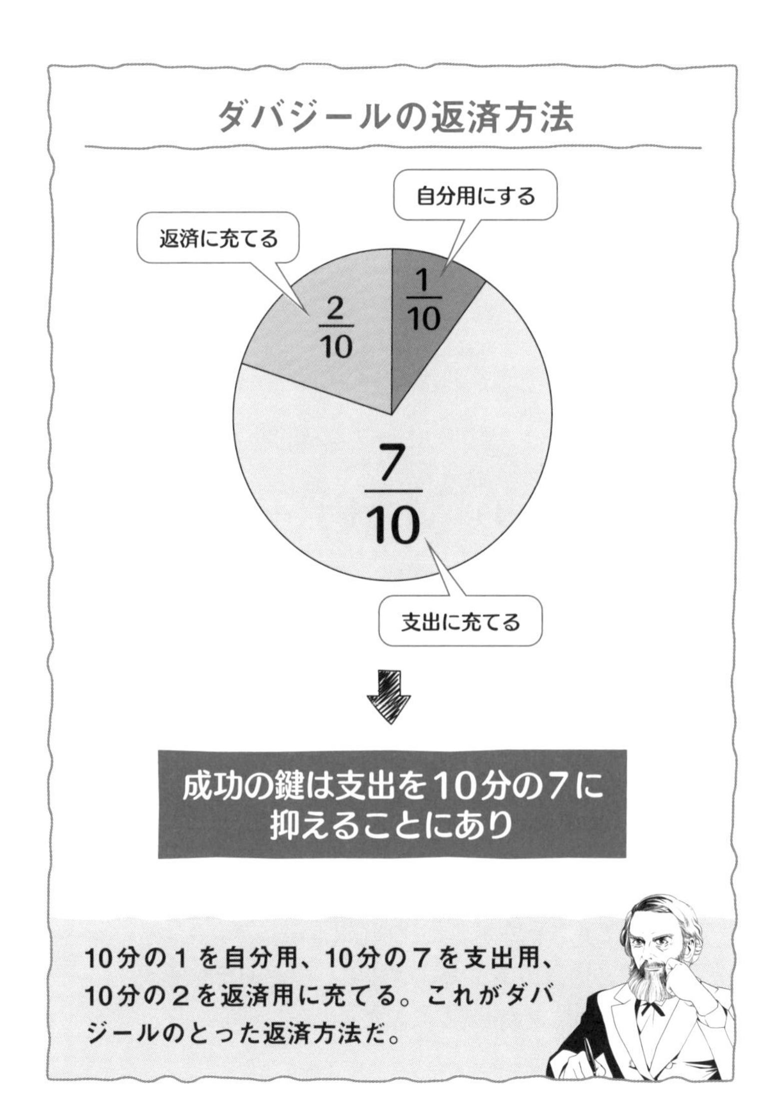
ダバジールの返済方法
自分用にする
返済に充てる
1/10
2/10
7/10
支出に充てる
成功の鍵は支出を10分の7に
抑えることにあり
10分の１を自分用、10分の７を支出用、
10分の２を返済用に充てる。これがダバ
ジールのとった返済方法だ。

借金の返済と借金からの逃避、
どちらが容易か？

Theme

23

借金から逃げるより、借金を返すほうが簡単である

立てた計画を着実に達成していく。それによって人生は好転する。さらに、周囲の反応もよいものに変わっていくのだ。

地道に暮らす姿を見て債権者の態度が変わる

返済計画の説明を受けた債権者の中には、腹を立てて口汚くののしる者、自分の分だけ先に返してくれと泣きつく者、すぐに返済しなければ容赦しないという者もいました。しかし、残りの債権者には納得してもらい、ダバジールの返済がスタートします。

月が満ち、再び月が満ち、三たび月が満ちます。この間ダバジールは、メイソンから与えられたアドバイスを頑(かたく)なに守りました。

最初の1カ月は丈夫なラクダに恵まれ、売買で銀貨19枚を稼ぎました。ダバジールはルールどおり10分の1を蓄え、10分の7で生活し、10分の2は銀貨を銅貨に換えて返済に充てました。厳しかったのは2度目の月が満ちるときでした。この月の稼ぎは銀貨11枚しかありませんでした。それでもそのうちの10分の7で生活をやり繰りしました。

しかし、その翌月は銀貨42枚も稼ぐことができました。このときばかりは、前から欲しかったサンダルを妻とおそろいで購入しています。このような生活を続けたダバジールは、1年で財布には30枚を超える銀貨が残りました。

変わったのは財布の中だけではありません。債権者の態度がだんだん変化していくのがダバジールにわかりました。

返済計画を説明した際、口汚くののしったのは親友だと思っていたアフマルでした。彼の留守中に2度目の返済をし、さらに3度目の返済に訪れると、アフマルはダバジールのことを誉めるのでした。

しかし中には、いまだダバジールに対する怒りが収まらない者もいました。家主のアルカハドです。ダバジールはアルカハドに銀貨14枚の借りがありました。ダバジールの返済額が少な過ぎると激怒したアルカハドでしたが、ダバジールが嫌なら返してくれと言うとしぶしぶ受け取るのでした。

信念とともにハードワークをこなす

いずれにせよ、いまやダバジールにできることは1つしかありません。説明した計画どおりに返済を実行することです。再び信頼を勝ち取るには、この返済計画を誠実かつ愚直に履行するほかありません。

「**借金から逃げるより、借金を返すほうが簡単なのだ**」

今やダバジールはこのように確信していました。この信念を胸に刻み、ダバジールは来る日も来る日もハードワークをこなしました。

返済の推移

単位：枚（銀貨）

	収入	自分用	支出	返済
1カ月	19	1.9	13.3	3.8
2カ月	11	1.1	7.7	2.2
3カ月	42	4.2	29.4	8.4
小計	72	7.2	50.4	14.4

生活に余裕ができる！　着実な返済が可能！

3カ月後、返済できた額は銀貨14.4枚になる。しかも手元には7.2枚の銀貨が残っている。計画どおり返済することが重要だ。

ダバジールの借金返済のメリットは何か？

Theme

24

負債を着実に減らしながら、手元に富を残せ

周囲から信頼を勝ち取りながら、蓄えを増やしていく。この方法を続ければ、燃え尽きずに「富める者」へとなれるはずだ。

借金を完済したダバジール

以上が第4の粘土板までに記されている内容です。それでは最後の粘土板を見てみましょう。そこには、ダバジールが晴れて借金を完済した様子が記してありました。中でも債権者への最後の訪問で起きた出来事は、ダバジールにとって生涯忘れることのできないものだったようです。

親友アフマルに最後の債務を支払い終えると、彼はダバジールを口汚くののしったことを恥じて許しを乞いました。その上で、改めて終生の友情を誓いました。また、家主のアルカハドも、それほど悪い人物ではないことがわかりました。アルカハドはダバジールにこう言いました。

「かつてのお前さんは人の手でいかようにも形を変えられてしまう粘土のような人物だった。しかし今は違う。青銅のように自分を自分で形作っている。将来困ったことがあれば、金貨でも銀貨でも借りに来なさい」

もっとも、ダバジールはアルカハドから再びお金を借りることはなかったでしょう。粘土板の最後には、「**この方法を続けるならば、いつか必ず富裕者の仲間に入れるはずだと信じている**」と記しているからです。そして、バビロンでも一頭地を抜く人物になりました。奴隷の身だったダバジールは、文字どおり心身ともに自由民として誉れ高き男に生まれ変わったわけです。

もはや言うまでもありませんが、その原動力になったのが、金貸しメイソンのアドバイスです。それは収入の10分の1を蓄え、収入の10分の7で生活し、収入の10分の2を返済に充てるというものでした。

ダバジール流返済法の利点

この方法のメリットは、なんといっても収入が生活費と借金の返済だけで蒸発してしまわない点です。10分の1が手元に残るところが最大の利点です。この点についてダバジールは第4の粘土板でこう書いています。

「**この計画の素晴らしさは、負債を着実に減らしながら、手元に富が残る点だ**」

ぎりぎり切り詰めて生活し、手元に何も残らないのでは、燃え尽きてしまうのではないでしょうか。この燃え尽き症候群を抑えるのが10分の1の蓄えです。

計画どおり返済し続けることは信頼を勝ち取る道です。同時に、手元に残る収入の10分の1は、自信にもつながります。つまり、信頼だけでなく自尊心をも勝ち取れるのが、ダバジールのとった返済方法だったのです。

ダバジール流返済方法の利点

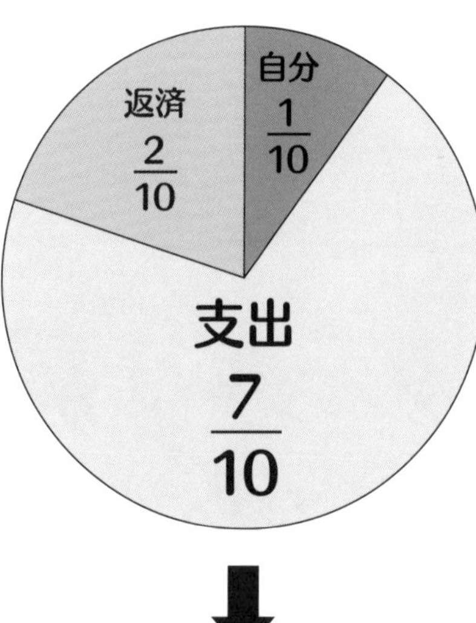

完済時、全返済額の半分が自分の手元に残ることを意味している。

繰り返しになるが、この返済方法の利点は、負債を減らし手元に富が残る点だ。完済時、手元には全返済額の半分が残る。

ダバジールの生き様は我々に
何を伝えるのか?

Theme
25

ダバジールが
実践した返済法は
今もなお真実である

数千年前も現在も世の中はそれほど変わっていない。借金返済も、富を築く方法も、古代の人に学ぶところが大きい。

考古学者シュルーズベリも借金に苦しんでいた

本話で紹介したダバジールの粘土板にはまだ続きの物語があります。それは、粘土板の言葉を解読した考古学者アルフレッド・H・シュルーズベリに関する、実に興味深いエピソードです。

実はこの考古学者シュルーズベリは多額の借金をかかえて首が回らない状態だったのです。借金の多くは小売商から購入した品のつけでした。これが積もりに積もってにっちもさっちもいかなかったのです。もし小売商の誰かが悪評を広めれば、大学を追い出されるはめになるのではないかと、シュルーズベリは恐れていました。

このような折りにダバジールが記録として残した5枚の粘土板に出会ったのです。シュルーズベリが驚いたのは、粘土板に記してあったのが『千夜一夜物語』のような恋と冒険のお話ではなく、ダバジールという人物による借金清算の実録だったことです。**シュルーズベリは、数千年前も現在も、世の中はそう大きく変わっていないことを実感しました。**

さらに驚いたのは、粘土板の記録者であるダバジールが、債務をみごと返済するのみならず、なおかつ財布に多くの金貨を残した事実です。

シュルーズベリは、ダバジールが実践したバビロンにおける方法が、現代でも通用するかどうか、自分の借金で試してみることにしました。

ダバジール流返済法は現代にも通用する

方法はダバジールが実践したものと同様です。まず、すべての借金を列挙してリストにしました。次に債権者（多くは小売商です）に借金の現状を示し、月々の収入の10分の2を返済に充てれば、約2年で完済できる旨を説明しました。さらに、今後つけでの購入はやめて現金で購入する旨も付け加えました。

シュルーズベリは妻とともに生活の仕方を変えて、収入の7割で暮らす工夫をしました。そして返済計画に従った生活を続けました。貯まったお金で投資も始めました。給料を受け取ると、その1割を投資用の口座に振り込むのが今では楽しみになったと、知人に宛てた手紙にシュルーズベリは書いています。

借金の完済は1年後の予定です。完済すれば従来の生活を継続し、投資に回すお金を増やす予定です。シュルーズベリは手紙の最後でこう述べています。

「ダバジールの教えは、数千年前に土に埋もれたときと同様、今もなお真実であり、借金に悩む同輩に不可欠なものです」

シュルーズベリはダバジール流返済法が現代にも通用することを証明したのです。

シュルーズベリの証明

ダバジールの教えは、
数千年前に土に埋もれたときと同様、
今なお真実であり、借金に悩む同輩に不可欠なものだ。

考古学者シュルーズベリは、ダバジールの方法が現代でも通用することを、身をもって証明したのだ。

『旧約聖書』の「創世記」には、有名な「バベルの塔」の話を記しています。大洪水から逃れたノアはその息子たちと子孫を増やしていきます。洪水で一掃された人間は、やがて再び地に満ちました。当時の言葉はたった1つで、人間は誰もが同じ言葉を使っていました。人間は皆で力を合わせてレンガを積み、天まで届く塔を建てようとしました。塔の建築はどんどん進みます。それを見た神が天から降りてきて言いました。

「1つの言葉しか持たぬ1つの民だから、人間はこのような大それたことをしでかすのだ。言葉を混乱させて、互いが理解できないようにしてやろう」

こうして、人間は意志を通じ合うことができなくなり、塔の建設は中止になりました。神はこの街をバベルと呼びました。その地の言葉を混乱（バラル）させたからです。

以上が「創世記」（11章）の概略です。メソポタミアの都市国家では、天から神が降臨しやすいようにジッグラト（聖塔）を建設しました。バベルの塔は、バビロンにあったジッグラトがそのモデルになったとも言われます。つまり、バベルの塔＝バビロンの塔というわけです。そして、バビロンの本来の意味は「混乱」ではなく「神の門」だったとされています。

Episode 7

仕事を最良の友にせよ

元奴隷シャル・ナダの教訓

奴隷のシャル・ナダは「仕事を友にする」を信条に生きてきました。しかし、この信条が揺らぎ始めます。人生最大のピンチで彼は信条を守り抜けたのでしょうか。

働くことは
苦しみでしかないのか?

Theme
26

仕事を自分の友とし、自分から好きになれ

働くことは苦痛でしかないのか、それとも何か重要な意味があるのか?　仕事は富を築くこととどう関係しているのか?

働くことが嫌いな男

隊商がダマスカスからバビロンに向かっていました。先頭を行くのは、アラブ種の馬にまたがったバビロンの豪商シャル・ナダです。その隣には宝石の指輪や耳輪をし、派手なローブをまとった若者がいます。名をハダン・グラといいます。

シャル・ナダはこの高慢で浪費癖のついた若者の扱いに困っていました。なにしろハダン・グラは「働くなんて奴隷のすることですよ」と平気に口にするような男だからです。

彼がどこにでもいる若者ならばシャル・ナダもほっておいたでしょう。しかし**ハダン・グラは、かつてのビジネスパートナーであるアラド・グラの孫です。**彼に対する恩義を考えると、この若者を一人前の人物に育てるのが務めだとシャル・ナダは考えていました。

「ところでハダン・グラよ。偉大な祖父君と私が、どのようにして仕事の相棒になったかを聞きたいと思わないかね」

「そうですね。祖父とあなたがどうやって大金を稼ぐようになったのか。ボクが知りたいのはその点だけです」

シャル・ナダはハダン・グラの言葉を無視して話し始めました。

かつてシャル・ナダは、兄の犯した罪と引き換えに奴隷の身となりました。シャル・ナダはバビロンに連れてこられ、市場で売られることになりました。仮に市場で買い手がつかなければ、シャル・ナダは国王の買い付け人の手に渡り、背骨が折れるまで城壁のレンガ運びの重労働に使役されることになっていました。

働くことの大切さ

同じ奴隷仲間にメギッドという元農夫がいました。彼はシャル・ナダに目をかけ、ことあるごとに働くことの大切さを説きました。奴隷市場で別れが近いと思ったメギッドはシャル・ナダに言いました。

「いいか坊主。仕事を自分の友とし、自分から好きになるがいい。懸命に働くことを決して忘れてはいけない。懸命に仕事をすれば、いつかはきっと報われる。いい仕事はした分だけ人を向上させる。このことをよく覚えておけ」

メギッドの言葉を心に刻んだシャル・ナダは、市場にやって来る買い手に対して、自分がいかに働き者であるかを熱心にアピールしました。そこへナナ・ナイドというパン職人が奴隷を買いに来ました。シャル・ナダは自分を必死に売り込みました。熱意にほだされたナナ・ナイドは、シャル・ナダを買い取ることにしました。こうしてレンガ運びの重労働を免れたシャル・ナダは、パン職人のもとで働くことになったのです。

働くことの大切さ
仕事を
友として、
懸命に
働くんだぞ！
ハイ！
ボクの
信条にします
メギッド
シャル・ナダ
いい
心掛けだな！
あなたのために
懸命に
働きます！
ナナ・ナイド
シャル・ナダ
エピソード7は働くことの大切さを説いている。仕事は、豊かで充実した暮らしの基礎になることがここからわかるはずだ。

人はどんな働き方を
目指すべきなのか?

Theme
27

懸命に仕事をすれば報われる

苦しい境遇にあっても、賢明に仕事に取り組むことで成功への道が開ける。仕事は人間にとって希望に他ならないのだ。

蜂蜜ケーキの行商を提案

ナナ・ナイドの奴隷になったシャル・ナダは、主人の助けになるため、さっそくパン焼きを教えてほしいと願い出ました。ナナ・ナイドはシャル・ナダの態度に喜び、パン生地の作り方や焼き方、さらにパン焼きが上達すると蜂蜜ケーキの作り方を教えました。シャル・ナダの腕はめきめき上達します。やがて主人はすべての労働をシャル・ナダに任せるようになりました。

さらにシャル・ナダは、午後の空いた時間に蜂蜜ケーキを作って、売りに歩くことをナナ・ナイドに提案しました。主人はこの提案にも大喜びで、ケーキ2個を銅貨1枚で売り、その半分は材料費、残り半分をシャル・ナダと折半にしようと言いました。シャル・ナダはこの提案を喜んで受け入れました。

「**やはりメギッドが言っていたとおりだ。懸命に仕事をすれば、いつかはきっと報われるものなんだ**」

蜂蜜ケーキの行商は順調に滑り出しました。その旨さからやがて馴染みの客もつきました。その一人が絨緞商アラド・グラだったのです。アラド・グラは蜂蜜ケーキを買うと、食べる間、シャル・ナダと話をするのが習慣になりました。

その日もアラド・グラは蜂蜜ケーキを買い、シャル・ナダと話していました。
「私はキミが作るこのケーキが大好物だ。しかし、もっと好きなのは、作ったケーキを売って歩こうという、キミの進取の精神だよ。そういう態度は、キミを成功へときっと導いてくれるはずだよ」
奴隷のシャル・ナダにとって、アラド・グラの言葉は、どれほどの励みになったことでしょう。シャル・ナダはますます懸命に働くようになりました。

主人の裏切りで暗転する人生

余禄として懐に入る蜂蜜ケーキの収入に、主人ナナ・ナイドもご満悦でした。ところがやがて主人は、すべての仕事をシャル・ナダに任せきりにすると、稼ぎを賭博につぎ込むようになりました。
そのうちナナ・ナイドは、蜂蜜ケーキの行商から戻るシャル・ナダを待ち焦がれるようになりました。そしてシャル・ナダが戻るや、売上の4分の3をひったくるようにして取り上げ、賭博場へと向かうのでした。
そんなある日、**賭博で大負けした主人は、借金が払えず、シャル・ナダを金貸しに売り飛ばしてしまいます。**

シャル・ナダの努力
パン作りを学ぶ
蜂蜜ケーキ作りを学ぶ
1
2
3
4
蜂蜜ケーキを売り歩く
お金が手に入る
懸命に仕事をすれば報われる！
仕事に懸命に取り組んだ結果、奴隷でありながら収入を得られるようになった。やはり真面目に取り組めば報われるのだ。

人としてどんな生き方を
するべきか?

Theme
28

怠けて生きるか、人生に抗って生きるか、仕事を友人にして生きるか

つらい労働が続くと、どんな人でも気力が失われ、楽な生き方に逃げたくなる。しかし、妥協すれば人生は終わってしまう。

仕事に対する信念が揺らぐシャル・ナダ

シャル・ナダは、新たな主人に対しても懸命に働くことを誓いました。しかし新主人はそんなシャル・ナダに関心はありません。彼の最大の関心事は、国王から請け負っている灌漑工事を早く完成させることです。シャル・ナダはこの工事の人夫として現場に送り込まれました。

シャル・ナダは夜明けから日没まで、深い堀を降り、重い土の入った籠を運び上げました。この単純肉体労働の繰り返しです。食べ物は飼い葉桶に入っており、奴隷たちがまるでブタのようにむさぼり食います。

「仕事を友にする」

この信条を胸に、**最初は元気に働いていたシャル・ナダですが、月日が過ぎていくうちに、だんだん気力が萎えてきました。**それに毎日の暑さと厳しい労働が追い打ちをかけます。やがて食事も思うように喉を通らなくなりました。

天幕も寝わらもない寝床で、シャル・ナダはかつての奴隷仲間ザバドのことを考えました。彼は仕事を怠ければもっと楽に生きられると言っていました。シャル・ナダは蜂蜜ケーキを売り歩いているとき、そのザバドに出会ったことがあります。彼は城壁のレンガ運びの奴隷として酷使されていました。楽をしようという彼の狙いはうまくいかなかったようです。シャル・ナダがザバドにケーキを与えると、彼は猛獣のようにむさぼり食いました。
さらにシャル・ナダは、やはり昔の奴隷仲間だったパイレーツのことを思い出しました。彼は主人であれ誰であれ反抗的な態度をとり、牙には牙で応じるタイプでした。しかしそのパイレーツも、レンガ運びの最中に王の親兵を殺し、脱走したかどで死刑になりました。

失意の中、再び人生の転機を迎える

最後に思い出したのがメギッドのことです。シャル・ナダは蜂蜜ケーキを売り歩いていたとき、偶然メギッドにも会ったことがあります。メギッドは主人の信頼を得、いまは奴隷頭として働いていると胸をはっていました。「やはりメギッドの生き方がベストだ」と、シャル・ナダは考えました。しかし、シャル・ナダも、メギッドに負けないくらい仕事を友とし、主人のために働いてきました。それなのに幸せも成功も手にできないでいます。「**本当にメギッドの生き方がベストなのだろうか**」シャル・ナダの信念が揺らぎます。
数日後、答えが出ないシャル・ナダは我慢も限界に達していました。そこへ使いがやって来ました。どうも雇い主が変わったようで、新しい主人がシャル・ナダをバビロンに呼び戻すことになったのです。

どれが正しいのか？

ザバド

仕事は怠けるのが一番さ。
これが楽な生き方だよ。

パイレーツ

主人であれ誰であれ、
牙には牙で応じるのだ。

メギッド

仕事を友にしろ。
懸命に働けば報われる。

シャル・ナダ

メギッドの言っていることは
本当に正しいのか？

来る日も来る日も重労働に明け暮れていたら、メギッドの言葉が誤りだと思えてきても仕方がないかもしれない。

シャル・ナダが発見した真実とは
何か?

Theme
29

仕事こそが
人生最良の友である

賢明に働くことと本書で紹介した手法を組み合わせることで、豊かな生活・幸せな生活が実現する。この真実を肝に銘じたい。

晴れて自由の身になったシャル・ナダ

バビロンに戻ったシャル・ナダは、新しい主人の家に連れていかれました。シャル・ナダは中庭に入ります。屋敷から出てきたのは、なんとあのアラド・グラでした。

絨緞商として大成功をおさめたアラド・グラは、あの蜂蜜ケーキ売りのシャル・ナダを呼び寄せて、仕事を手伝ってもらおうと考えました。ところが、すでにシャル・ナダの姿はなく、なんとか所有者を見つけ出して売買交渉をしたのです。アラド・グラはシャル・ナダの所有権が記録してある粘土板を頭上に高々と掲げると、敷石に叩きつけました。

「これでキミはもう自由の身だ。私はダマスカスに進出する。相棒として仕事を最良の友とするキミがどうしても必要なんだ」

アラド・グラはそう言いながら粘土板の破片を足で踏みしだき、粉々にしました。シャル・ナダの両目から感謝の涙が流れました。

「こうして私は、仕事を友にすることでレンガ運びの重労働を免れ、キミの祖父君のビジネスパートナーに選ばれたのだよ。**人生最大のピンチで、仕事こそが人生最良の友であることが証明されたわけだ**」

シャル・ナダの言葉にハダン・グラは身を震わせていました。

「祖父が財産を作るのに用いた〝秘密の鍵〟というのは、仕事だったのですね」

「私が祖父君に初めて会ったとき、あの方はその1本の鍵しか持っていなかったよ」

こうしてハダン・グラは、身に着けていた指輪や耳飾りをはずし、尊敬する祖父を目指すべく、仕事に情熱を傾けることを決意したのでした。

懸命に働き、収入の10分の1を蓄える

以上がシャル・ナダとハダン・グラの物語です。著者のジョージ・S・クレイソンは、この物語を『バビロンの大富豪』の最後に置いています。これには深い意味があるように思います。そもそも、収入の10分1を蓄えようと思えば、その源になる仕事がなければなりません。つまり**貯蓄の大本になるのが仕事であり、それを言いたいがためにクレイソンはこの物語を最後に置いたのではないでしょうか。**

しかし、仕事だけでは、「なぜ働いても働いても、お金が貯まらないのか」となってしまいます。仕事は必要条件です。とはいえ、資産形成を考えると仕事だけでは十分ではありません。そこで必要になるのが、本書で説明してきた手法というわけです。

一所懸命に働くこと、そして収入の10分の1を自分のものとして取っておくこと。この両輪を回すことで、財布にお金が流れ込む経路を作ることができるのです。

仕事に知恵をプラスする

仕事 ＋ 【知恵】

- 富を操る3つの法則
- 財布を肥え太らせる7つの鉄則
- 5つの金貨の法則
- メイソンのお金の貸し方
- ダバジールの借金返済方法

↓

豊かな生活・幸せな生活

懸命に仕事をする。これを基礎にしながら、本書で述べてきた数々の手法を実践して、豊かで幸せな生活を手に入れる。

メソポタミアの文学

メソポタミア文明を代表する文学に『アトラ・ハシース物語』と『ギルガメッシュ叙事詩』があります。前者の『アトラ・ハシース物語』は神話で、人間の起源が語られている点で非常に興味を覚えます。

かつて神の国は、上位の神が下位の神を働かせていました。ところが、下位の神から不満が爆発し不労運動に発展します。混乱を打破すべく、上位の神は下位の神の身代わりを作り出して、この者に労働させることにしました。その身代わりが人間です。人間は粘土からできており、死ぬと再び大地すなわち粘土に戻ります。しかし土人形では困りますので、神の血を注入し、これによりある程度の知力や労働力を持つようにしました。こうして人間は、神のために働き、やがては土に還る存在になったわけです。

一方、『ギルガメッシュ叙事詩』では、親友の死を契機に、人間に与えられた死を回避し、不死を手に入れようとするギルガメッシュの冒険が繰り広げられます。しかし願いは叶わず、ギルガメッシュはわずかに寿命を延ばす薬草を手に入れます。しかし、こちらも油断している隙に蛇に食べられ、結局手ぶらで故郷に帰ります。この叙事詩で語られる大洪水の逸話は、『旧約聖書』の「ノアの箱舟」に強い影響を及ぼしているようです。

Epilogue

現代人を守る「城壁」とは？

老兵バンザールの自信

バビロンの城壁は外敵の侵入から人々の生命と暮らしを守ります。この城壁を現代に置き換えると何に相当するのでしょうか。答えは老兵バンザールが教えてくれます。

これからの時代、自分や家族を守る
最良の方法とは?

Theme
30

「貯蓄」や「信頼できる投資」「保険」が、我々の幸せを守ってくれる

バビロンは敵の侵入を防ぐために長大な城壁を巡らせていた。この城壁は、現代人にとって何を意味しているのか?

商都バビロンに築かれた城壁

いよいよ本書もこの節をもって終了です。最後に紹介するのは、『バビロンの大富豪』の第7章にある「バビロンの城壁」についてです。

76ページのコラムでも述べたように、バビロンは敵の侵入を防ぐため、都市の周囲に城壁を巡らせていました。城壁の高さは50mにおよび、全長は22km以上、城壁の頂上は6頭立ての戦車が走れる幅を有していました。

ある日、城壁で守られたバビロンにアッシリア人の軍勢が押し寄せてきました。敵は青銅製の城門を巨大な槌で打ち破ろうとしています。街に槌の鈍い音が響き渡ります。城壁が破られればバビロンは亡びてしまうでしょう。

老兵バンザールは城壁の頂上につながる場所に立ち、敵からの攻撃に対する準備をしていました。そのバンザールのもとに市民がやって来て次々と尋ねます。

「敵は城壁内に入ってくるのでしょうか」

「敵が侵入したら皆殺しになるのでしょうか」

「すごい音がしているけれど、私たちはどうなるの」

老人や婦人、子どもの問いかけに対して、老兵バンザールはその都度こう答えました。

「ご安心なされ。城壁が破られることはありません。城壁のおかげで、あなたもあなたの財産もみな守られます」

3週間と5日、敵の攻撃は絶え間なく続きました。バンザールの顔も疲労の色が濃くなってきました。しかし、城壁は持ちこたえています。

4週間目に入ると敵の声がだんだん小さくなりました。そして夜が明けると、退却していく敵軍の様子が確認できました。バビロンの城壁は持ちこたえたのです。

悲劇から自分や家族を守るもの

この寓話は何を意味しているのでしょうか。バビロンを私たちや自分の家族に置き換えてみてください。**それを取り囲む城壁とは、悲劇から自分や家族を守ってくれる、「貯蓄」や「信頼できる投資」「保険」です。これらは現代の我々にとって、万が一のときの「強固な城壁」になるわけです。**

そして、この城壁の造り方を教えてくれたのが『バビロンの大富豪』に他なりません。仕事を友にし、収入の10分の1を自分に取っておくことで城壁を造ることができるとは、ちょっと驚きだとは思いませんか。老兵バンザールは言いました。

「バビロンの城壁が、きっと我々を守ってくれる」と。

現代の「バビロンの城壁」とは

バビロンの城壁

The Walls of Babylon

現代の
「貯蓄」「信頼できる投資」「保険」

バビロンの城壁がバビロン市民を守ったように、「貯蓄」や「信頼できる投資」「保険」が我々を守ってくれる。

バビロンの空中庭園

バビロンの空中庭園は、世界七不思議の一つに数えられてきたものです。ネブカドネザル2世（在位：前605〜前562）が、隣国メディアから嫁いできた妻アミティスを慰めるため、彼女の故郷にある珍しい草花や木々を植栽したのがその始まりといわれています（別説もあります。76ページのコラム参照）。庭は7段の階段状になっていて、フラットなスペースは上に行くほど狭くなっていました。この空間に植物が植え付けられ、層をなす部分は上の層を支える建物になっていました。建物には部屋のほか浴室も備わっていたといいます。

メソポタミアは降水量が少ないため灌漑が発展したことはすでに述べました（112ページのコラム参照）。水不足に加えて、空中庭園は城塞の上に造られたと考えられるので、水やりは大問題だったでしょう。この点について『バビロンの大富豪』の第1章冒頭付近にある、馬車職人バンジールがバビロン市街を叙述する個所で、水汲み奴隷の長い行列についてふれ、「奴隷が担いでいるのは山羊革の袋に入った水で、空中庭園に撒くためのものだ」と記しています。ただし一説によると、「不思議な仕掛けによって上段に送られた水が、いつも草木にかけられていた（ジャン・ボッテロ『バビロニア』）」ともいわれています。

参考文献

The Richest Man in Babylon／George S.Clason／Signet／1988
花の王国2　薬用植物／荒俣宏／平凡社／1990
フランクル回想録／ヴィクトール・フランクル／山田邦男訳／春秋社／1998
夜と霧／ヴィクトール・フランクル／池田香代子訳／みすず書房／2002
バビロニア／ジャン・ボッテロ／松本健監修、南條郁子訳／創元社／1996
バビロンでいちばんの大金持ち／ジョージ・S・クレイソン／坂本貢一訳／サンマーク出版／2016
バビロンの大金持ち／ジョージ・S・クレイソン／楡井浩一訳／河出書房新社／2018
バビロンの大富豪／ジョージ・S・クレイソン／大島豊訳／キングベアー出版／2000
漫画バビロン大富豪の教え／ジョージ・S・クレイソン／坂野旭漫画、大橋弘祐企画・脚本／文響社／2019
文字の歴史／ジョルジュ・ジャン／矢島文夫監修、高橋啓訳／創元社／1990
図説世界史／東京書籍編集部編／東京書籍／1997
超図解「21世紀の哲学」がわかる本／中野明／学研プラス／2017
「バベルの塔」展／ボイマンス・ファン・ベーニンゲン美術館他編／朝日新聞出版／2017
図説メソポタミア文明／前川和也／河出書房新社／2011
ギルガメシュ叙事詩／矢島文夫訳／筑摩書房／1998

❶ 1枚の金貨を財布から取り出す前に、それが安全にキミの財布に戻ってくる道があるのかをよく考えなさい。―― 110

❷ 一所懸命に働くこと、そして収入の10分の1を自分のものとして取っておくこと。―― 164

❸ 生まれがどうあれ奴隷の心を持つ者は、ちょうど水が低い所へと流れるように、奴隷になるものよ。―― 119

❹ お前は、稼いだ金の使い方、経験豊かな者への相談、蓄えた金の働かせ方、
この『富を上手に操る3つの法則』を学んだのだ。―― 52

❺ 貸した金以上の担保を取っていれば、仮に貸付金が戻ってこなくても安心だろう。―― 105

❻ 貸し手は借り手以上に賢明にならなければいけないということです。―― 102

❼ 稼ぐよりも使うほうが多い人間が、いったいどうなると思うかね。浪費に歯止めがきかなくなり、
必ずや面倒事に巻き込まれるのだよ。―― 115

❽ キミたちが若い頃からずっと生きていくだけで精一杯だったとしたら、富を築く方法を学ばなかったか、
学んでも守らなかったかのどちらかに違いないと思うよ。―― 43

❾ 金貨がいっぱい詰まった袋か、知恵の言葉が刻まれた粘土板か。お前さんならどちらを選ぶかね？―― 79

❿ 懸命に仕事をすれば、いつかはきっと報われる。いい仕事はした分だけ人を向上させる。―― 152

⓫ 幸運はたいてい好機と連れ立ってやって来ます。その好機をつかむことで幸運は引き寄せられるのです。―― 74

⓬ この計画の素晴らしさは、負債を着実に減らしながら、手元に富が残る点だ。―― 142

⓭ 債務という敵に打ち克って、友人に報いなければならない。それが自由民としての私の務めだ。―― 124

<著者略歴>

中野 明 ◎ なかの あきら

ノンフィクション作家。
1962年、滋賀県生まれ。立命館大学文学部哲学科卒。同志社大学非常勤講師。
「情報通信」「経済経営」「歴史民俗」の3分野をテーマに執筆活動を展開。
人文科学・自然科学を問わず、難解複雑な事象を図解化し明快に説く手腕には定評がある。
著書は『超図解 勇気の心理学 アルフレッド・アドラーが1時間でわかる本』『超図解 7つの習慣 基本と活用法が1時間でわかる本』『超図解「デザイン思考」でゼロから1をつくり出す』『超図解「21世紀の哲学」がわかる本』『図解 仕事に役立つ！孫子の兵法』(以上、学研プラス)ほか多数。

図解 バビロンの大富豪
7人の賢者が教える「お金と幸せ」30の言葉

2020年9月15日　第1刷発行

著　者　中野　明
発行人　中村公則
編集人　滝口勝弘
編集長　倉上　実
発行所　株式会社　学研プラス
〒141-8415
東京都品川区西五反田2-11-8
印刷所　中央精版印刷株式会社

〈この本に関する各種お問い合わせ先〉
・本の内容については、下記サイトのお問い合わせフォームよりお願いします。
https://gakken-plus.co.jp/contact/
・在庫については
TEL 03-6431-1201(販売部直通)
・不良品(落丁、乱丁)については
TEL 0570-000577
学研業務センター
〒354-0045 埼玉県入間郡三芳町上富279-1
・上記以外のお問い合わせは
TEL 0570-056-710(学研グループ総合案内)

学研の書籍・雑誌についての新刊情報・詳細情報は、下記をご覧ください。
学研出版サイト　https://hon.gakken.jp/